おしゃべりな出席簿

石橋直子

目次

おしゃべりな出席簿

元気力

おしゃべりな出席簿

新生活の「白」

背中にまっすぐ一本のライン、袖のつけ根には硬質な膨らみ。真新しい制服からはすがすがしさと緊張が滲み出ている。今年も新入生がやってきた。

「なんか、恥ずかしい」。入学式から数日、体育館へ移動する道すがら女子生徒がつぶやく。「何が?」「靴下」。そうだ、この春赴任した私にとって、目にまぶしいソックスの色は印象的だった。前任校での主流は黒。現任校は校則で白。これも軽やかでいいものだと思った矢先に「恥ずかしい」ときたから驚いた。生徒に聞けば「中学で黒だったから白は落ち着かない」。「黒と白だったら断然黒」。と、黒の支持率が高め。思えば前任校では白・黒・紺という選択肢があったにもかかわらず、大半が黒いソックスをはいていた。その理由は「だって白って子どもっぽいし」。言われてみれば白いソックスは学生の特権みたいなもの。大人になると自然白派は減っていく。

さて、体育館到着。上履きを脱ぐ。白いソックスが落ちつかない。体育館シューズがないからそのまま踏み込む。うっすらとよごれたらさらに気になってしょうがない。大人への移行期ならではの恥じらい、わからなくもないけれど……。どうせ高校生活は選択の連続。自分の道を選んで拓いて、すぐに独り立ちしちゃうんだから、もうちょっとだけ特権を味わってみたら?

白はよごれが目立つからこそ、それを許さない色でもある。その「白」には我が子のものを清潔に保ちたいというお母さんの愛情がたっぷりしみこんでいたりして。毎日真っ白いソックスを用意してくれるお家の人に感謝をするのも、大人への一歩かもしれません。

(2011年4月27日掲載)

つながるきっかけ、新しい席

入学式から半月も経つと、ある要望が届き始めた。ことの起こりは学級日誌に登場した一文。「先生、そろそろ席替えがしたいです」。すると翌日の日誌にも「席替えしたいです」。とたんにクラス中から席替えを求める声が上がり出す。男女も席の前後もなく、誰も彼もが何かにつけて「先生、席替えは？」なんでなんで。席替えって放課後の時間取っちゃうし、移動が大変じゃないの？

「えっと、近くの人とはもう充分仲良くなった気がするけど、席遠い人とはそうでもないんで」と、これはクラスで1、2を争う元気男子の声。「実は、まだ話せていない人がいて」と言ったのはちょっと控えめな女の子。そうか。彼らはつながるきっかけを求めていたんだ。

違う中学から集まってきて、手探りで関係を築いていく日々。まだよくわからない世界でめいっぱい手を伸ばすのは勇気がいるものだ。だからこそ、の「席替えしましょう」。それは特定の「誰か」を意識して出た言葉ではなく、新しく「誰か」と話したいという願いの結晶みたい。入学式から席は出席番号順。日直も出席番号順。連日学級日誌に「席替えしましょう」が登場するなんて、いい信頼関係を築けた証だろうと勝手に安心してみる。隣近所の席同士、「席替えしたいね」と話す裏には、「私たちはもういっぱい話したし席遠くなっても大丈夫だよね」が見え隠れしていた。

ここはやっぱりくじがいいかな。番号が書かれた紙をお菓子の箱に入れて教室へ持っていくと、シンプルこのうえないくじに大盛り上がりの生徒たち。小さな紙箱の中に運命を感じたり希望を抱いたり、そんな彼らがまぶしく見えた。明日からは念願の新しい席。くじを引いたその手で、これからまた、たくさんの絆が結ばれていくのだろう。

（2011年5月25日掲載）

千羽鶴に託す思い

衣替えの季節が到来すると、白基調の教室を彩る風物詩が現れる。休憩時間になるや机の上にちりばめられる色とりどりの折り紙。真剣な眼差しで折っているのは、やっぱり、鶴。5月半ばから運動部も文化部も大会シーズンに突入し、多くの生徒たちはそれまで取り組んだ部活動の総決算をかけ、一層熱心に練習する。入部して1カ月程度の1年生が、お世話になった先輩を応援しようと千羽鶴を作る姿はなんだかほほえましい。

ある日、担当している部活動の生徒が話しかけてきた。「先生、県大会に行く子たちに、こっそり千羽鶴を折ろうと思っているので、一羽お願いできませんか」。差し出された折り紙の色は、白。意表を突かれて彼女の顔を見ると、「羽にメッセージを書いてください」

数日後、部室の壁には華やかな千羽鶴がつられていた。一箇所だけならんだ白い鶴の群れは目にまぶしく、温かい言葉の書き込まれた小さな羽が連ねられている。

肩をすくめるようにして折り紙を手渡してくれた仕掛け人の彼女、実は、春先の大会で早くも引退が決まった3年生。次の大会は留守番だ。千羽鶴集めは、彼女にとって部活動生活の締めくくりでもあった。

部員の思いが詰まった千羽鶴は、大きく大きく羽ばたいて、3年生に力を与えてくれるに違いない。そう思って白い羽に触れてみる。めいっぱい羽を広げると隠れてしまうメッセージは、羽ばたく仲間を陰ながら応援しようと奔走した、彼女の心そのものだった。見えなくっても、一緒にいる。

寄り添って、支えて、ともに大空へ舞い上がる。
鶴の行方を楽しみに部室に足を踏み入れると、２年生が熱く話し合いをしていた。次の体勢づくりが少しずつ動き出している。白い鶴が導いてくれたのは、３年生だけではないようだ。

（２０１１年６月29日掲載）

教室に刻まれた記憶

期末試験最終日、ワックスがけが行われた。入念に床を磨き、汚れを落とす。机を引きずった跡、筆記具の線。白いスポンジでそれらをぬぐうと、教室は表情を変える。床を磨きながら、前任校で3年生の担任をしていた半年前のことを思い出した。

卒業式を目前に控えたその日、3年生だけの大掃除を行った。教室、渡り廊下、進路指導室。この1年間で特に利用した場所を手分けして磨く。旅立ちを意識せずにはいられない時期だ。スポンジを手に床を見つめれば思い出がわいてくる。「これってポスカかな。体育祭のとき、落とし残してたんだ」、「体育祭じゃなくって販売実習の看板作りでついたんじゃない」。右から議論が聞こえたかと思えば、今度は反対の方から「そうか、ここみんなでご飯食べたとこだ」。なかなかきれいにならないねと頭をつきあわせて磨くなか、一人が感慨深げに声を上げた。そこは冬場だけストーブが置かれる場所。床に座り込んで楽しく話した記憶が、輪のように残る濁った色からよみがえった。

使った場所を磨き上げる。3年生たちにとってのそれは学校生活の記憶と向き合い、それをいとおしむことだった。そして、感謝の気持ちを込めて教室を整え、次の代へと引き継ぐことだった。

ワックスをかけた日の夕方、教室へ上がって照明をつけると窓の外の薄い紺色と蛍光灯の白い光がぼんやりと床に映った。鏡のようだ。ここに彼らの生活が映し出され、刻まれていったんだ。

半年前に磨き上げたあの教室では当時2年生だった生徒たちが生活をしているはず。そしてそこには彼らの学校生活の痕跡が新たにたくさん残されているはず。4月、すまし顔で新3年生を迎えたであろう思い出の教室は、今、どんな表情をしているのだろうか。

（2011年7月20日掲載）

いつしか「先輩の顔」に

夏休み、文芸部の合評会をした。ただ一人の3年生は、物静かな聞き上手。1年生たちから、なにをどう書きたいのか聞き出す。それからアドバイス。自作についても、下級生の意見をしっかり聞く。聞いてばかりかと思ったら、突如、「それは勘弁してくれよ、ここはこういう意図があって書いたところなんだから」。こだわりの表現は譲らない。

演劇部の練習をのぞくと、久々に見る頭がひとつ、ぺこりと下がる。引っ込み思案の彼女は、これまた唯一の3年生。文化祭公演を応援しに来てくれたのだ。新体制での最初の舞台。練習ののちに感想を聞くと、「すみません、私なんて、たいしたアドバイスは……」と前置きをしてから、「ここは手持ちぶさたになってる人がいるから気をつけて。ここは動きをもっと詰めておいた方が……」。話す話す。驚いた。手元のメモには書き込みがびっしり。

どうしたわけか、今年度縁ある部活動の多くが鍋ぶた型。上級生ちょっとの下にたくさんの新入生。3年生の彼らはいわゆるリーダータイプではなかったし、個性派揃いの下級生とどう関わっていくのか、心配したこともあった。

でも、好きなことを3年間続けてきたという自負、下級生ができて気づいた新しい責任、それらを背負った上級生はやっぱり強くて、それぞれの言葉で下級生を伸ばしてくれた。

学園祭の準備もいよいよ大詰めだ。文芸も演劇も、これで正式に世代交代。突然増える責任に戸惑う1年生もいるけれど、これまで追ってきた背中は語りかけ続けていた。「大丈夫、大丈夫。続けていけば、自信になるよ」。不安そうな表情の下級生たちも、少しずつ前進する中で、いつしかそれぞれ「先輩の顔」になっていくにちがいない。

（2011年8月31日掲載）

つながる楽しさ感じて

「先生、筆記用具がないからですよ、きっと」。空っぽのアンケートボックスを前に、男子生徒が呟いた。そうか、忘れてたね。でも、それで本当に書いてもらえるかな。最後の言葉はのみ込んで、「書いてもらえるといいね」に置き換えた。

文化祭初日。右も左もわからない1年生だけの文芸部は部誌を作成、アンケートも設置した。正直なところ、「空っぽ」に対する不安はそのときから少々。薄い部誌だけど立ち読みで済む量ではないし、その場で感想を書いてもらうのは難しいかも。かくして、1日目、収穫はなし。

でも、彼らはくじけない。2日目、筆記用具が置かれ、さらに記入例までおいてあった。例文は「おもしろかった」の一行だけ。そうだね、ほんのちょっとでいいから、どんな風に読まれたか知りたいよね。

閉会式が終わって、おそるおそるフタを開けると、あった。底に張りつくようにして、一枚。真中には大きな文字で「俺」。一瞬あっけにとられてから、下に小さな字が並んでいるのを見つけた。「よく書き上げた」から始まるコメントで、ようやく気付く。引退した3年生だ。

部誌は3年生の作品から並べ、アンケートは掲載順に感想をお願いした。だから、自作の欄には、感想代わりに「俺」。照れ隠しとも自己主張ともとれる大きな文字の下には、後輩の作品に対する感想と、前向きな提案が綴られていた。

書くことは思いの発信だ。全力で発信できる人は、受信にも一生懸命。四苦八苦のすえ受け取ったのは、同じくペンを手にした同志からの温かくて重たい一枚だった。一つひとつのレスポンスがもつ価値、つながる楽しさを知ってしまえば、もう抜けられない。書き続けていれば、きっと世界とのつながりかたも変わってくるはず。一緒に頑張りましょう、文芸部諸君。

（2011年9月28日掲載）

書類の向こうに見えた姿は

「え、自分のも必要なんですか」驚いたように言う子、肩をすくめる子、頭をかく子、反応はそれぞれながら、今月は何回もそんな声を聞いた。来年度の進学希望者のため、大学予約奨学金の事務手続きをしている。「そう、あなた自身の証明も必要なの」。「証明って……所得なんてないんですけど」。高校生の大半は「所得なし」。それも書類での証明を求められることがある。お金にかかわる大切な手続きという意識は強いのだろう、生徒の多くはきちんと書類をまとめてやってくる。ところが、この「自分に所得がない証明」が必要だということは、たとえ要項に書いてあっても見落としていることが多い。

持ってきた書類をそのまま抱えて職員室を出る背中を見送るたび、やれやれと思いながらも、いい経験しているな、と感じる。

私自身も奨学金にはお世話になったが、学生時代にそれを意識することは驚くほど少なかった。借りようというとき、そして借りているときに、「所得なし」の自分に気づいていれば、たくさんのつながりが見えていたろうに。いろんな時間を過ごしている自分を思い描けたろうに。多くの人に感謝できただろうに。

奨学金の書類を透かして見えるのは、たくさんの人に力を借りながら学校に通っている高校生の自分。大学で好きなことを学んでいるちょっと先の自分。そして学生時代の温かい思い出を胸に働いているであろうさらに未来の自分とそれをとりまく人々。

そういう意味では、説明会に顔を出し、書類の書き方について何度も質問に来て、そして時に書き損じてしまう彼らに、豊かなつながりが見えていることを期待してしまう。よい春が訪れますよう、ここからが受験生の正念場だ。

（２０１１年10月26日掲載）

やっぱり生徒はよく見てる

「なおこ〜！」と遠くで手を振るのは、担任しているクラスの女子。「先生をつけなさい」なんて言えなくて、どうしたものかなあと自問自答。

初めて担任をした年、泣きじゃくる生徒から言われた。「先生、嫌い！　大嫌い！」悲しかった。仕事をしていると、苦しいことも悲しいことも、それなりにある。打たれ弱い私は、そのたびにおなかが痛くなったり、泣いてしまったり。涙が出るのはいつも、生徒との距離感を見失ったときだ。思っていたほど心を開いてなかったんだなあ、とか、悩みに気づいてあげられてなかったんだなあとか。

ときどき名前で呼ばれて抱くもやもやも、この気持ちに似ている。自分の感じている距離感と、あっちが示してくる距離感との差。

仕事が立て込んでいた先週は、余裕のかけらもない日々を過ごしてしまった。余裕がないと優しくなれない。なんだかうまくいってない。

そんな思いを抱えて下校時刻をとうにすぎた教室に行き、プリントの整理をしようと教卓の中をのぞき込む。すると目に飛び込んだのは、「直子先生　がんばって!!」の文字。プリントの裏に大きな朱色の字が並んでいる。終礼時にはなかったはずの赤鉛筆が、自己主張をするかのように教卓の上に転がっていた。

「先生」の文字が心なしか傾いている。あとから付け加えたんだ、と思ったら可笑しくなった。

生徒は意外とこちらの様子を見ている。大切なときには、伝えたいことがきちんと伝わるように、一生懸命言葉を探してくれていた。生徒に心配をかけた反省もあるけれど、その夜流したのは嬉し涙。

そういえば、「嫌い」ってぶつけてきたあの子、下校時間も迫るころ、走ってやってきてこう言った。「ごめんね。先生が泣いてるんじゃないかって思った」。やっぱり生徒はよく見てる。

（2011年11月23日掲載）

笑顔を届けることば

「起立、気をつけ、おはようございます」。だんだん挨拶の声が小さくなってきた。慣れとか、照れとか、いろいろあるんだろうなと思いつつ、それでもやっぱり、ちょっとさびしい。

掃除の時間に突っぱねたような口調で言われた。「なにがありがとうだ」。その言葉は、ただ普通に掃除をしているだけなのに、と続く。どうやら、当たり前のことに対して私の言った「ありがとう」がうっとうしかったようで。そうはいってもね。

「ええか、ありがとう作戦だで」。初任の年に、先輩から言われた。右も左もわからなくて、とかく「すみません」を繰り返す私に、「どんなときもありがとうって言えば、支えられてる自分に気付く。感謝の気持ちがついてくるし、お互いに気持ちいい」。それから、せめてクラスでは、ありがとうをたくさん言うようにしていた。

挨拶は、関わりあって、支えあって、そんな自分や周囲の人を見つめるための大切なことば。だからこそ、互いに交わしたい。

もう冬休みも近い。LHRの時間をつかって、クリスマスケーキのデコレーションをした。班ごとに意見を出し合って、スポンジケーキにクリームをぬって、お菓子を乗せてみたり、フルーツで彩ったり。「じゃあ、合掌して食べようか」。朝の挨拶が一瞬頭をよぎったが、「合掌」「いただきまーす」、返ってきたのは大きな声だった。班のメンバーで机を囲み、にこやかにケーキを食べる姿に少し安心した。

思えば、朝の挨拶は生徒全員が同じ方向を向いている。向かい合っていれば、もっと自然に出るものなのかもしれない。だって、お互いに掛け合うために生まれたことばなんだもの。「ありがとう」も、「いただきます」も、言う時にちょっと口の端が持ち上がるところがいい。笑顔になれるところがいい。終業式の日には「よいお年を」をたくさん言おう。笑顔の挨拶が返ってくることを願って。

（２０１１年12月21日掲載）

成長に驚いたあとは……

冬休み最後の日、ちょっとだけ足を延ばして去年まで住んでいたあたりのショッピングセンターへ出かけた。ぼんやり歩いていると、前を颯爽と横切る女性。あれって、もしかして……「――さん」。「あ、先生」。かつて副担任をしていたクラスの生徒だった。「大きくなったねえ」「髪伸びたねえ」普通すぎる言葉しか出てこなかったのは嬉しさと同じくらいに大きな驚きのせい。本当はもっといろいろ話したかったんだけど。

家に帰って卒業アルバムをめくる。出会ったとき彼女たちは1年生。私も教員1年生。「ばっしー、ちょっと、やっちゃらん」。その年の12月、「1年生」の私に、担任が冗談めかして機会をくれた。LHR（ロング・ホーム・ルーム）の企画だ。楽しみで、不安で、考えて考えて、クラスメートへのメッセージとお菓子とを、プレゼント交換形式で回すクリスマス会をした。隠しておいたお菓子を担任と教室に運ぶ。なんだかとってもわくわくした。

ショッピングセンターの洋服売り場へと消えた彼女は、別れ際に言った。「私、昨日成人式だったんですよ」。そこでもう一度驚く。そうか、もう本当に大人なんだね。大きくて丸い字でお手紙を書いて、友だちと交換していた女の子だったのに。

あれから私は担任として1年生を迎え、そのまま生徒ともちあがって3年生を送りだした。今年度は一周してまた1年生担任。彼女たちと過ごした1年も含めると3回目の1年生クラスだ。先月にはクリスマス会をしたばかり。そこまで想いを馳せてから、ふと考える。私は成長しているだろうか。生徒たちは日々大人に近づいている。大人であり続ける私たちも止まっているわけにはいかない。1年の計を立てるべきときにいい出会いをした。辰にあやかって上昇の年にしなければ。

（2012年1月25日掲載）

淡い想いを見守って

2月14日、バレンタインデー。チョコを片手に職員室をのぞく女子生徒も多く、なんだか華やかな気分になる日だ。

「先生、これどうぞ」放課後の廊下で差し出されたのは、小さなクッキー。ハリネズミの姿をしたそのクッキーは、つぶらな瞳で見上げていた。わあ、かわいい、もらっていいの。「本命さんにあげられなかったんです」。くしゃっとした笑顔を見て、クッキーに伸ばそうとした手が止まる。「それはちょっともったいないなあ、もう少し待ってみたら」。言い終わるか終らないかのうちに、「えー、だれだれ」「まだ学校にいるんじゃない。探してきてあげる」。上級生が先輩風を吹かせてまくしたてるや、教室へと駆けていった。どうなることやら。その彼とはち合わせてもいけないので、やきもきしつつ職員室に戻る私。

それから1時間ほどして、彼女がやってきた。「今日はもう帰っちゃったんだって。やっぱり、これ、先生にあげます」。かくして迷子のハリネズミは私の机に。

誰かに想いを伝えることは、勇気がいるし難しい。伝えることの難しさを知って、見えてくるのは、誰かを本当に大切に思っている自分。ハリネズミくんはたくさんの想いを背負っていた。結局その日は食べられずにいた。

翌朝の彼女はまたくしゃっと笑顔。「先生、あのあと、メール来たんです。どうしよう。でも嬉しいから頑張ります」。よかったね、頑張って。その日ほおばった、かわいいクッキーは、さくっと軽くておいしかった。ハリネズミくん、ごちそうさま。これからは彼女たちがどんな形で想いのやり取りをするのか、いっしょに見守っていこうか。

（2012年2月29日掲載）

新たな光に輝く思い

２月も終わりの夕暮れどき、足早に校舎のわきを歩いていると、女子生徒が２人立っていた。グラウンドを見つめているけど、マネージャーとも思えない。すれ違いざま挨拶を交わしたとき、その手に提げられたカメラが目にとまった。

「誰かのファン?」「え～、違いますよ～」笑う彼女たちの視線をたどると……グラウンドには誰もいない。しばらく考えて、「３年生?」「はい」。どうやら正解みたい。

「卒業記念?　いっぱい学校を目に焼き付けて帰るといいよ」。温かい気持ちになって去ろうとすると、「そうじゃなくて」これはまさかの不正解。「プレゼントしたくて、校長先生に」「でも、なかなかいい写真撮れないんですよね」

数日後、クラスの生徒が、こんなことを書いていた。「携帯で『ゆめ』と打ったら『努』と変換されました。だから自分では夢をかなえるためには努力しないといけないと解釈していて、今日の校長先生のお話を聞いて、あらためてその思いが強まりました」

思い出の詰まった学校を、自分の心の中にあるのと同じくらい輝いた状態でとどめ、届けようと、何度もシャッターを切った彼女。携帯電話をいじってて出会った発見を、ふとしたはずみで思いだし、それを周囲に伝えようとした彼。

人との関わり合いの中で、自分が見つめていたものに、違う角度からの光が当たることがある。それは、人から受け取った思いで自分の心が揺さぶられたとき。そして、自分の思いを人に伝えようとして見つめ返したとき。こうして思いは輝きを増す。

校長先生は今年度をもって定年退職される。彼女や彼や、他のたくさんの生徒たちの思いが届きますように。そして、その思いがまた、新しい光を誰かに当てますように。春はすぐそこだ。また新しい、たくさんの思いが学校にやってくる。

（2012年3月28日掲載）

春の、小さなかけ引き

数日前から暖かくなり、屋外の部活動も活発になった。弓道部の生徒たちは公式戦を意識し、練習に励む日々。でも、なんだか最近そわそわしている。

「あっ、帰っちゃった」、つぶやく生徒の声と視線をおって弓道場から外を見やると、真新しい制服の後ろ姿。さっきまでそこにいたのに。

放課後になっても制服を着ているのは少数派だ。体操着やユニホームで部活動をする上級生の間を縫うように、ぱりっとした制服に包まれた新入生が、あれこれと部活動を見学して回っている。なかには積極的な子もいるが、多くはひっそりと見て、ひっそりと帰っていく。彼らも新しい環境に飛び込むには勇気がいるのだろうけれど、それに負けず劣らず心の力を消費しているのが、上級生だったりする。見られているなか部活動をするのは緊張するし、やっぱりどうせならいいところを見てもらいたい。

どうしよう、隣で活動している部活動に目移りされちゃいそう。引き留めたいけど、それってアンフェアなんだろうか。もしかしたら引き留めない方が新入生はいい印象を抱いてくれるかもしれないし……。

どうすれば自分が全力で取り組んでいることの魅力を最大限に伝えられるのか。それを必死で考えながら、他の部員とアイコンタクト。やきもきしながら、新入生に声をかけたり、逆に言葉をのみ込んだり。

部員たちの姿を見ていると、片思いをしているようで、小さなかけ引きをしているようで、つい応援してしまう。

頑張れ、頑張れ、きっと大丈夫。いま心をくだいた分、新入部員を大切にする先輩に成長できるよ。自分が取り組んでいる競技をより好きになって、総体に向かえるよ。頑張る自分と、頑張る周囲を応援できる人になろうね。

入学式にようやく花開いた桜は、もう緑色。新学期が動き出した。

（２０１２年４月25日掲載）

先輩からの「大丈夫」

「だって、選ばれたわけだからさ」。全身が耳になる。聞き耳を立てるまい、と思っていたのに。高校総体は目前だ。先日、弓道部の団体戦メンバーを部員に発表した。2年生で団体戦に出場する子もいれば、3年生で出場できない子もいる。

彼らが一番力の発揮できる形を作ろうと考えてきたのだから、最終的な選択に自信をもち続けなくては。それが「選ぶ」側の責任でしょう。そう自分に言い聞かせるも、部員の心のうちが気になって仕方がないというのが、本当のところ。

部活動が終わって、いつもなら残って練習をする女の子たちが、一人、二人と道場から出て行った。とうとう全員いなくなって、外からかすかに聞こえるざわめき。ミーティングを始めたらしい。出ていけばきっと水を注す。なんとなく後ろめたい気がして、外の声から意識をそらしていたが、「選ばれた」が聞こえてしまったのは、やきもきの影響……だけではなさそうだ。そこだけ声のトーンが上がった。「選出」に対する想いの強さが伝わってきた。

「大丈夫だよ、自信もっていいよ」その声は続く。それは、団体メンバーではない3年生の声。メンバーになった2年生の背中を押す声。安心とともに、胸が温かくなった。

ほどなく部員たちが戻ってきた。涙の跡が見られる子もいるけど、誰も晴れやかな顔をしている。3年生たちは、去年の総体に想いを馳せて、「先輩はすごかったね」「総体のあと泣いちゃったね」。気付いていないかもしれないけれど、彼ら自身も去年の3年生と同じくらいに大きくなっている。

卒業生の想いを引き継いで、それを後輩に残そうとしているのだから。
築いた関係と積み重ねた練習は、必ず自信につながる。世代を越えて引き継がれる想いを胸にした彼らが、本番までに見せてくれる成長を思い描いて道場を後にした。長くなった日が、次の季節の訪れを感じさせた。

（2012年5月30日掲載）

戻ってきてね「先生」

ここ半月、30分ほど早く出勤する日々が続いている。学校に着いて、小会議室を開けて、「おはようございます」と30分早い朝礼。並んでいる顔は、高校生よりちょっと大人の大学生たち。初めて教育実習担当になった。

小さな朝礼で一通りの伝達を済ませたら、「困ったことはない？」。出てくる声は様々だ。「自転車はどこに止めたらいいですか」から始まり、教壇に立つようになると、「予想もしなかった生徒の返答は、どう拾えば……」とか、「生徒が目を輝かせるような仕掛けをつくりたいんですけど……」とか。

思えば、初めて勤めた学校は国語科が少なかった。教科外の先生方にたくさん授業を見てもらい、見せてもらいながら、育てていただいた私だった。ようやくそれらを引き継ぐ時が来た。自分の授業の合間に研究授業をはしごして、記録をとる。時間は限られているのに、伝えたいことはたくさんあった。自分が教えられてきたことをなぞるように、自分の歩んだ道と、今の自分を確かめるように、実習生に伝えるアドバイスを考えた。

最終日となった金曜。「ありがとうございました」、お礼を言われることに面映ゆさを感じつつ、実習生を送りだす。さみしさと、ほんのりとしたよろこび。卒業式のような手触りが残った。

翌土曜日には吹奏楽部の定期演奏会があった。シートに背中を預けていると、後ろから「先生」と、聞き覚えのある〝高校生よりちょっと大人〟の声。そこにいたのは昨日で2回目の卒業をしたはずの実習生たちだった。ＯＧとしてステージに上がった子も含めると、半数以上の実習生が、演奏会に駆けつけていた。早すぎる再会には驚いたけど、母校に引き寄せられた彼らの心に胸が熱くなる。そうだね、母校っていつでも帰れる場所だもの。またここに、できれば「先生」として、戻っておいで。

（２０１２年６月20日掲載）

海を越える弓道の記憶

夏の訪れとともに、弓道部は新しい仲間を迎えることになった。そわそわしている男子部員たち。「あ、来ましたよ」。女子部員に囲まれて、陽射しに金色の髪をなびかせながら、「彼女」があらわれた。

アメリカからの留学生受け入れを依頼されたのが1カ月前。武道は所作を大切にするし、古い言葉でもってその所作や弓具を示す。いろいろなことがちゃんと伝わるか、心配しながら迎えた日だった。

「じゃあ、早速やってみようか」一通り見学し、いよいよ練習を始めることに。新入生に教えるのと同様、道具を一切持たずに基本の型を繰り返す。「足踏みの位置をちょっと直したいけど」「手首をもう少し丸く、手の甲は上に……どう言えばいいのかな」私たちも四苦八苦、彼女も困り顔。しばらくして部員の一人が声をあげた。「プリーズ、ルック、アト、ミー。これが『良い』グッドね、これは『だめ』バッド」。言いながら、「良い型」「悪い型」をそれぞれ示す。「アリガトウ、ワカリマス」。伝わった。歓声が上がった。

それからの上達には目を見張るものがあった。彼女は一生懸命だし、部員たちは驚くほど積極的だ。言葉を選ぶあまり立ちすくんでいたけど、伝えたいことはたくさんあったのだ。

弓を引く姿に、「どう？」と言葉をかければ、返ってくるのは「ムズカシイ……」と笑いを含んだような声。「難しいよね」と言いながら、部員も笑顔。一緒に難しいことに取り組む。そこに楽しさを感じられるようになったのは、その先にある喜びをもう彼らが知っているから。彼女の存在が弓道部に新しい風を吹かせた。

帰国まであと1週間。「弓道」の記憶、そして「部活動」の記憶が、海を越えていく。

（2012年7月25日掲載）

学級の輪、一緒に育む

学校のパソコンが総入れ替えとなった。データを移したり、コードをつなぎ直したり……。なんとなく慌ただしい時間を過ごしていたが、作業が終わった数時間後、思わぬ再会が待っていた。入れ替えにともなう色々なトラブルを解決すべく、県の教育委員会から来校された方は……。「あ、先生」「ばっしー、元気にしとる」。3年前、正副担任コンビを結成していた〝相方〟だった。

なんの巡りあわせか、パソコン入れ替えを担当する分掌長が、現在お世話になってる〝相方〟。二人が対話をしているのが、なんとなくおかしくて、「先生、いまはこの方が私の副担任をしてくださってるんです」。言ってから、余計なことだったかな、とやや後悔したのだけれど、「じゃあ、僕たちはばっしーを介して、親戚みたいなものなんですね」、笑いを含んだ返答にびっくりした。あのときのクラスを家族のようにとらえていてくださった、その思いが嬉しかった。

正副担任の間柄を、「あいたん」といっている同僚がいた。相棒の「あい」に担任の「たん」なんだろうけど、睦まじく可愛い響き、そして強い結びつきを思わせるこの言葉を考えた人は、きっと同僚たちと素敵な関係を築いてきたんだと思う。

クラスはたくさんの関係が生まれる場所だ。生徒たちの間だけではなく、生徒と私たち教員、そして私たち同士の間にも。その日は帰ってから、これまでの「あいたん」先生たちと生徒たちを最初から順に思い起こした。最後にたどり着いたのは、今の「あいたん」先生とクラス。ここで生まれたつながりの中で、いっぱい笑って泣いたあとには、「成長したね」って言いあえるクラスでありますように。今年度も後半戦だ。

（2012年9月26日掲載）

チームの可能性を信じて

日が短くなった。部活動を終え、テニスコートの照明をくぐるようにしながら職員室に足を向けると、引き留める声。「先生、補員についてなんですけど」

高校弓道公式戦の補員は、「控え」や「ベンチ」の感覚とは違って、チームの一員として一緒に弓を引く。ところが、的中合計を出す段階になると、あらかじめ申請していた補員だけカウントされない、という仕組みだ。うちの弓道部は女子5人。次の試合は3人チーム。補員1人を含めたチームを編成すると、残る部員がたった一人で弓を引くことになる。「私、去年、一人だけメンバーに入れなかったので……」。声をかけてきた2年生は今年の正式メンバーだ。彼女もまだ悩んでいるようで、先の言葉は続かなかった。的中をカウントされない補員を設定してまで、一人で的前に立つ1年生を生むことが引っ掛かっている様子。結局その日は話が進まず、お互いの宿題となった。

そうして、翌日。練習を見る。うん、やっぱりメンバーは……。自分の案を固め、生徒への言葉を選んでいたら、彼女がやってきた。その口から出てきたのは、「補員がいてくれた方がいいです」。意外だったけど、ほっとした。「私も、そう思う」。補員を入れ替えながら少しでも全体的中を伸ばしたい、というのは、チームの可能性を大切にすることでもある。全体の可能性を信じて行動することは、個人の痛みに共感することと同じくらい難しいことで、勇気がいること。きっと前夜は悩んだことだろう。

チームを外れた1年生と話すと、「大丈夫、納得してます。今回は一人で頑張ります」。「今回は」

が頼もしかった。次は正式メンバーに入るくらい技量を磨いて、部員全体の力を底上げしてくれますように。３年生引退から４カ月。「部活動」の集団に姿を変えつつある１・２年生と一緒に、今年最後の公式戦まで前進あるのみ、だ。

（２０１２年10月24日掲載）

素顔がのぞく学級日誌

ある日、学級日誌を開いて驚いた。並んでいるのはアルファベット、英語で日誌を書いてきたのだ。

こんな子だっけ、前はなに書いてたっけ、とさかのぼってページを繰りつつ、ふと思う。クラス替えをして一周目の日直さんが書くのは、ほとんどクラスの出来事や授業の様子。ところが、二周目、三周目となると、学食のお気に入りメニューや、中庭にヒマワリの種を植えたこと、さらには学校を離れ、ペットのモモンガ自慢から、大掃除したよ、こたつ出したよと、おうち事情が乱入してきたりと、その内容は大きく変容。毎年のパターンだ。

以前から学級日誌は、「必ずページいっぱい書く」という決まりのもと、テーマは自由に泳がせてきた。

「今日はトビウオが42秒も飛んでいられることを初めて知りました。トビウオは海の中を泳げて空も飛べるのですごくうらやましいです。鳥になるよりトビウオになった方がいろんなことが経験できるのではないかと思いました」。3年前に担任した生徒が、家庭科の授業で知った驚きを書いてくれたことがある。読んだときに胸が温かくなったのは、彼女の感動が日誌を通して伝わってきたからだろう。

内容の幅が広がると、学級日誌は姿を変える。自分の心が動いた出来事や、好きなこと、得意なことを、書き、交わす場所になる。相手の反応が予想もできないような段階で、自分の感動や特技を広く発信するのは難しいはず。好きなこと、得意なことを書けるようになったのは、信頼関係が築けたからかな、なんて勝手に考えたりもする。

英文の締めくくりは「苦手な数学も英語くらい解けたらいいのに。でも頑張って克服するぞ」。得意科目で勝負しようという心意気と、苦手科目への前向きさがこれから日直をする42人の心を動かしますように。用紙の補充を繰り返した学級日誌はずっしりと重く、存在感を増してきた。

（2012年11月28日掲載）

先生、覚えてますか？

「先生、私のこと、覚えてますか」。どきりとする、まずいなと思う。

私って教員には不向きかも、未熟でいやになっちゃうな、と感じることがある。なかでもこの言葉は、ずっと気になっていることの一つをちくりと突いて、居心地の悪さをつれてくる。私は人の顔と名前を覚えるのが苦手だ。

ところが先日、「覚えてますか」の合唱にせめ立てられた。以前勤めていた学校に顔を出したときのこと。一人が言った「覚えてますか」を前に、不覚にも浮かべてしまった戸惑いの表情を生徒たちは見逃さなかったのだろう、それからそろって「私はどうですか」「私、先生の授業受けてましたよ」。顔を見ると懐かしさを感じるのだけど、どうしても名前が出てこない。「きれいになっててわからんわ」。心の中ではごめんねを繰り返しながら、やっとのことでそれだけ言うと、ある生徒がいたずらっ子のように、「私は――でした」。聞いたとたんよみがえったのは、ワークの氏名欄に書かれていた字面。「あ……、――さん。とっても大きい、きれいな字を書いてたね」

あのころは苦手を克服したくて、提出課題の氏名欄を見ては顔を思い出そうとしていた。私にはもう一つ、大きなコンプレックスがあって、それは悪筆であること。その分、美しい字には惹かれ、つい見入ってしまう。不器用な記憶力が一生懸命思い出を引っ張ってきた。枠いっぱいの元気のいい字。

「嬉しい。私、1年生の時にも、先生に『いい字ね』って褒めてもらいましたよ」。そう言ってその子は、ふわっと笑った。彼女の書いた字のように伸びやかな笑顔だった。
　苦手は数えきれないし、まだまだ克服できてない。でも、乗り越えようとした日々が、なんとか彼女とつないでくれた。不器用でも、頑張ってみるものだね、彼女の笑顔はそう言って、少し背中を押してくれた気がする。

（2012年12月19日掲載）

書き留めた思い　時を歩む

「じゃあ、この原稿用紙にお願いね」、生徒会誌に載せる部活動紹介の執筆を弓道部の主将に任せた。（何を書けば）（どう書けば）（うまく書けないかも）……どう出るかなとうかがっていると、「これって、新入生も見るんですよね、がんばって書きます」。質問も不安も彼は口にしなかった。

数日後に届けられたのは、書いたり消したりを繰り返されてくたびれた原稿用紙。そこに並ぶ字を目で追う。弓道の魅力、部活動でできるようになること、感動する瞬間……へえ、こんなことまで考えてたんだ、いつしか赤ペンを持つ手から力が抜けていることに気づいた。たくさんの思いが詰まった原稿を前に、顧問から読者になってしまった。

ちょうど同じ頃、調べものをしていて校内の会報をあれこれ眺めていると……何年も前の部活動体験記に、妹の名前を見つけた。驚いた。今勤めているのは、妹の母校。でも、会報に記事を書いてたなんて。誰よりもうまくなりたいと練習したこと、一人ではどうしようもない壁にぶつかったこと、まとまることの難しさと大切さに気づいたこと……高校時代の妹が、生き生きと誌面に姿を現す。妹が部長だったなんて、これもまた初めて知った。連絡すると、当の本人は「そんなの書いたかなあ」。妹自身にも忘れ去られていた温かい記憶と巡り合えたことが、おかしくて、なんだか幸せだった。

生徒たちは毎日好きなことをがんばったり、苦しいことと向き合ったり。主将の彼が弓道場で過ごした日々、その全てを鮮やかなまま心に刻むことはできないけれど、周囲に届けようと一生懸命言葉にした部分は、いつまでも残ってたくさんの人と出会うだろう。もしかしたら未来の彼に高校時代を思い出させるきっかけとなるかもしれない。

学校には、たくさんの記憶が眠っている。誰かと出会うのを待ち続けて。

（2013年1月30日掲載）

故郷の温もり、巡り巡って

郵便受けを開けると、坂本竜馬のポストカードが一枚。心当たりが全くないまま手に取って眺めたら、大きなモノクロ写真の下に、「こないだはありがとうございました」1カ月前に会った卒業生からだった。

年が明けて間もないころ、成人式のため帰省していたという彼女が突然会いに来てくれた。同じ弓道部だった友達と連れ立って。「先生、見てくださいよ。私こんな着物にしたんです」二人が次々におめかしをした写真を見せてくれる。実はね、私も写真を持ってきたんだ。それからは三人で頭を突き付けるように弓道部の写真を眺め、たくさん笑った。

「貴重なお休みにありがとう、あっちにはいつ戻るの」と尋ねると、「実は、今日このまま発つんですよ」。彼女は最後の最後に部活動つながりのメンバーで過ごすことを選んだもよう。帰省をしたら旅立つ直前は家族と過ごすもの、勝手にそう考えていたのだけれど、もしかしたら彼女たちは想像以上に自立して新しい生活を楽しんでいるのかもしれない。そんなことを思いながら二人の背中を見送った。ポストカードを受け取った時には、この記憶すら日々の中に埋もれてしまっていた。

それにしてもなぜ坂本竜馬。たしか彼女の進学先は……首をかしげながら見ると「高知の子にもらったんです」、小さな添え書きと笑顔の顔文字がある。そうか、お土産か。そう思うと急にほほえましくなった。彼女は進学先でも温かいつながりの中に身をおいていて、だから、颯爽と故郷をあとにできたのだろう。「高知の子」は私にとって知らないだれかさん。でも、その子もきっと成人式で帰省して、家族や故郷の温かさにふれ、そのお土産を学校生活に持ち帰って、巡り巡って私のところにもおすそわけが届いたんだ。

弓道部の彼女も学校で故郷の話をしているのだろうか。一枚のポストカードは、遠い地でふれあうふるさとの思い出のかけらだった。

（2013年2月27日掲載）

温かい関係 花開くとき

「ほら、帰った帰った」。生徒をあわただしく追いたててから腕まくり。机を整頓し、黒板には「受験上の注意」と書かれた模造紙を貼る。

学生時代は高校入試の裏でこんなにも人が働いてるなんて思いもしなかった。大掃除と終礼が済めば、すぐ生徒は立ち入り禁止。会場となる教室は正副担任コンビで整えるのだが、たまたまその日は私一人だった。道のりは遠い。焦って不安が募ってきたころ、教室の扉が開いた。「すみません、まだ終わってなくて」。点検の先生かと思って身をすくめるも、「それはそうでしょう。箒、借りますね」、ほかのクラスの副担先生だった。しばらくして、もう一人。「うちのクラスが終わったら行こうって思って」「どう、模造紙はこれぐらい高く貼ったほうがいいでしょ」次々に応援が来て、受験生控室は完成した。「一番きれいじゃない」「悔しいからうちのクラス磨きなおすか」冗談を言っては仕事に戻る。〝同じ学年会だから〟〝一人は大変だから〟理由なんて誰も口にしなかった。みんな自然にやってきて、それがなによりありがたかった。

半月経った今日は、終業式。「このクラス、これまで担任した中で一番人数が多かったんだよね」LHRで生徒に語りかけながら、思い出したのはこの日のことだった。「人とかかわるのって、エネルギーいるけど、みんながかかわりあって、いつしか当たり前のように応援し合えるようになったなら、本当にうれしいし、そうあってほしいと思います」

心を使うのは、いつだって相手がいるとき。今年度は、たくさんの相手にたくさんのエネルギーを使った。楽しいこともたくさんあったけど、うまくいかないことだってたくさん。生徒たちもそうだろう。でも、だんだんと関係が温かくなじんできて、ふっと支えてくれるようになる。相手にしてあげられることが見えてくる。クラス替えが不安だとぼやく生徒がいた。春はまた、心のエネルギーをたくさん使うかもね。でも、その先には、また別の温かい関係がある。さあ、お互い、前を向いて進もう。

（2013年3月27日掲載）

「できる」ことって面白い

借りたばかりの大きなドライバーを手に事務室を出ようとしたら、校長先生と出くわした。先生は両手をあげてオーバーに「悪かった、許してくれ」。それからもすれ違う同僚は示し合わせたように、「どこ修理するの」「そんなことできるの」。私とドライバーの組み合わせが、アンバランスなのだ。だって不器用ですもんね。

とはいえこれは私の仕事。視聴覚室の隣の部屋に入り、ブレーカーの蓋を外す。ボルトをいったん抜いて調光卓から伸びるコードをつないでから締め直す。演劇用の照明をつなぐ仕事だ。これをしてると、いつも思い出すことがある。

大学生の頃、採用試験を前に母校を訪ねた。かつての担任と話したかったのだ。仕事の手を休めて付き合ってくれた先生は、最後に、「僕ね、いま何してると思う。お芝居の舞台の図面を引いてるんだよ」。思わず丸くしてしまった目を机上に走らすと、私にはよくわからない見取り図が散らばっていた。文学一筋の国語教師みたいに思っていたのに。「学校って部活もたくさん、生徒の生活だってくっついてる。どんな仕事をすることになるかわからない。考えようによっては、なんでもできるってこと。それって面白いよね」

社会人1年目は初めてやることばかりで、できない自分とたくさん出くわした。そのたびに恩師を思い出しては元気をだした。「やったことのないことができるって面白いよね。できないこともできるようになるから面白いよね」。先生は、不器用な私のつまずきを予想してこの言葉をくださったのではないかしら。

演劇部の新歓公演が終わり、コードを外していると生徒が二人やってきて、「先生がこれできるって不思議。でもすごい」。けっしてすごくはないけれど、「私にもできるようになったの」。それから、背伸びして言ってみた。「二人だって、立派に演劇できたじゃない」。この公演が最後となる、3年生たちだった。できるってことは面白い、できるようになることも面白い。恩師のこと、できなかったこと、できるようになったあれこれ、それを思い出す春のひと仕事は、今年も最後のねじを締めあげて終わった。

いつか、恩師のように、不器用な自分を乗り越えようとする力や、そのわくわくする気持ちを、生徒に届けてあげたい。できる。かならず、できる。できるまでやる。

（2013年5月29日掲載）

弓道場の小さな花壇

高校総体が終わった。3年生は引退だ。最後のミーティングで、ある男子生徒が口を開いた。「ようやく務めを果たすことができました。弓道やめたいって思った時もあったけど、続けてきて本当によかった」。最後のメンバー変更で道場に立ち、普段以上の的中を出してチームに貢献した生徒だった。涙でかすれた声に、1年前のことを思い出した。

「先生、なんでぼくがメンバーから外されたのか、教えてください」。彼の強い口調にどきりとした。チーム編成を考えるときに何度も頭の中で繰り返した理由を、ゆっくりと話した。悩んだ末の結論だ。

去年の総体では、結局彼の名前を呼ぶことは、なかった。十人にも満たない補員を含む選手たちが、丸く並んで立っている。そこで判断を口に出す。「……。以上のメンバーで次は入ること」。最後の試合に立つメンバーを発表しながら全員を見渡す。うなずく彼の顔が目に入った。無理に口を引き結び、口の端をあげて、「納得してます」のサインを送ってくれているのがわかった。胸が痛かった。

今年の総体で、彼を登用したのは、もちろん負い目からではない。でも、やっぱりこのことが胸に引っ掛かっていた私には、彼の四射三中がとても尊いものに見えた。

「この中に苦しんでいる人、やめてしまいたいって思っている人もいるかもしれません。でも、最後に報われると信じて、頑張ってください」、ミーティングで彼は、そう締めくくった。

最近、うちの道場に増えたものがある。壊れた的枠で仕切られた、小さな花壇。「最後の最後に花なんて植えて、後輩に迷惑かなって思ったんですけど」。照れ笑いをしながら言ったのは、ほかでもない、彼だ。とんでもない、ありがとう。きっと後輩が世話をしてくれるでしょう。そしてそのたびに思い出してくれるよ。きみの頑張りと、あの時の言葉を。

基礎練習に励む1年生の足元で、小さな花が少しずつ開き始めた。

（2013年6月26日掲載）

言葉の力を信じて

「今月は部活のことを書いたの。よかったら読んでね」。6月末、弓道場で言ってみた。どうしても読んでほしい子がいた。届きますように。弓を引き続けてほしいと後輩に話し、道場に花を植えて引退した先輩の話。

廊下ですれ違いざま、はにかむように「あ、読みました」。一つに結んだ髪の毛が揺れる。数週間前から、退部の相談を受けていた彼女の事情や優先順位を知ってはいたけど、言葉の力で引き留めたかった。

夏休みに入ってまもなく、彼女がやってきた。退部届を持って。最後の射は、保護者面談で見届けられなかった。面談後、急に寂しくなった。

職員室に戻ると、机の上にお手紙がある。「奨学金の件、ありがとうございました」。他クラスの保護者さんからだ。たった一度の電話対応への、丁寧なお礼に驚く。最後まで読んでもう一度驚いた。「新聞から、生徒さんの微妙な心の動きを大切にする先生だと感じました」。エッセーを読んでくださったのだ。落ち込んでいた時だけに、文字でつながった新しい関係に救われた。そんな先生になりたいし、ならなくては。彼女のことをもう一度思い出した。

「先生、今までお世話になりました」。そう。悩んだ末だもんね。部活にあてて時間を、大切に使って、納得いく学校生活を……。「はい」。とぎれとぎれの私とは対照的に、彼女の返事には迷いがなかった。

2カ月引き留めた計算になる。その間彼女はたくさんの言葉の中で揺れていた。家族に友人、後輩に担任が、それぞれの立場から彼女に願いや思いを伝える。その中には、可能性に気付かせる言葉も、大切に思う気持ちを届ける言葉も、そして、彼女になりたい自分を思い描かせる言葉もあったはず。その上での決断だから、彼女はきっと大丈夫。寂しいけれど、大丈夫。

「道場のあなたを大切に思ってたし、後輩や先輩を支える姿に感謝してたよ」。私の言葉も、かけらくらいは届いているかも。届いてなければ、また重ねよう。今度は新しい生活に踏み出しつつある彼女の、背中を押す言葉を。

（2013年7月31日掲載）

頑張る姿は、美しい

朋あり。遠方より来たる。亦楽しからずや。かつて同僚として勤めた友人がこちらへ来ると聞いて予定を調整し、一緒に買い物をした。「疲れてるところ、ごめんね」と言うと、「ちょうど帰りの列車まで2時間あったから」と友人。ブラウスを見ていると、「あ、先生」、私服姿の女子生徒たちと出くわした。「お買い物ですか？」外で先生と呼ばれるのはなんとなく気恥ずかしいけど……」うん、そう。このお店、みんなも来るの。実はね……」。生徒たちは一瞬目を丸くして、ふわっと笑った。そうして、ぺこりと頭を下げ、人波に消えた。

まもなく、また「先生」と呼ばれる。今度はきれいにメイクをした店員さん。彼女は、私が最初に送り出した3年生の一人だった。「さっきのはね、今の学校の子。つい嬉しくって言っちゃった。私の生徒が、ここでお仕事してるんだよって」。長引く不況でなかなか就職が決まらなかった。卒業式後、最後の一人になっても笑顔で面接を受けに行った子だった。その子が今、にこやかに挨拶をし、手際良く棚の衣類を畳み直したりレジを打ったり。懸命につかみ取った大切な仕事を変わらず笑顔で勤め上げる姿に、いつも安心する。「じゃあ、からだ大切に。頑張って」。駅に向かおうとすると、「先生、わたし、この店舗の店長になるんです」。今度は私が目を丸くした。

駅で友人を見送ってから、あのころお世話になった進路部長にメール。――おかげさまで、彼女、相変わらず頑張ってます。秋から店長だそうです――。しばらくして届いた返信は、――頑張る姿って美しいし、元気をもらえますよね――。私が彼女のお店に行ってしまう理由がポンっと示されたようで、思わず息をついた。頑張ることの美しさを忘れないため。頑張り続ける元気と勇気を補給するため。そうだ、友人にも教えてあげないと。頑張る姿は美しいんだって。友人は数時間かけて教員採用試験を受けに来ていた。ショップで働く彼女は、友人にとっての教え子でもある。

彼女の頑張りが、多くの人を元気にしてくれますように。頑張る勇気を得た人の努力が、いつか必ず報われますように。接客業の彼女は、今日も美しく頑張っていることだろう。

（2013年8月28日掲載）

譲れないもの、気づかせた雨

何日も雨音にはっとするかのように起きては、ため息をついた。いつになったらできるのだろう、私たちの体育祭は……。

二日にわたる文化祭は、さまざまなドラマを見せながら終わった。ところが、体育祭がやってこない。雨がやんでくれないのだ。

順延順延、また順延。そしてついに最終宣告が下された。「明日、雨だったら、体育祭は中止。体育館で応援合戦だけ実施する」。その日もまだ空は暗く、雨が降り続いていた。ある3年生がぼやく。「午前の方が降水確率低いんです。午前に競技、午後応援っていう予定、ひっくり返りませんか。応援こそ、外でやりたいんです」。そんなこと無理だと知りつつも、言いたかったんだろう。言ってから苦笑いを浮かべ、それからお互いに「晴れますように」を繰り返し、手を振って別れた。

晴れた。翌朝まず思ったのはそれだった。雲の間から射しこむ朝日にこんなにも感動したのは、何年ぶりだろう。

決して、最高のコンディションで行われた体育祭ではなかった。いくつかの競技がカットされた。デコレーションは前日のうちに屋外のやぐらに立てることをやめる決定が下され、体育館につるされていた。その中でも生徒は元気に競技をし、応援をし、笑顔で体育祭は終わった。

数日後、廊下ですれ違ったデコ担当の3年生に声をかけた。「あの絵、体育館でも映えてたよ」。生徒はこれまた苦笑いをして、「実は、どうしても外であの絵を見たくて、校長室まで談判に行っちゃったんです」。え、そうなの。そんなことできる子だったっけ。「つい。でもやっぱり無理で、朝からみんなで泣きました」

それぞれが最良の行動を取ろうとして、頑張ったり、ぐっと我慢したり、その上で成り立った体育祭だった。

あの体育祭は、あの雨の日々は、3年生にとって、自分の本気を見つめなおす機会だったみたい。自分の努力を誇り、涙を流す時間をくれた。3年生はこれで完全に受験モード。頑張ることを覚えた人は強い。走れ、3年生。今度は体育祭よりもっと大きな、自分の夢を実現するために。

（2013年9月25日掲載）

きらり輝く　校舎の記憶

「いやあ、きれいなままだねえ」「最初から立派な作りだったからねえ」。ため息をつくように言い交して、スーツ姿の男性が二人、並んで廊下を歩いていった。

その日は創立記念式典。創立当初の校舎を知っている人が多く来校し、こうべをめぐらしては、それぞれに感想を言った。「変わらないねえ」「あの頃のままだねえ」。そして花咲く、たくさんの思い出話。変わらないね、きれいだね、を聞くたびに、嬉しい気持に寄り添って、一つの記憶がやってきた。

「校舎が古びちゃって、なんだかちょっと残念というか」。5月末の教育実習生ミーティングで、新品のリクルートスーツを身にまとった実習生が口にした。私は今の学校に勤めて3年。勤め始めたときから、それが当たり前だと思っているから、特に「新しい」も「古い」もない。3年経っても、毎日見る校舎はずっと同じ顔をしているようだ。それだけに、教育実習生の言葉には驚いた。たしか彼女たちは私がこの学校にくる直前に卒業しているはずなのに。

そのあと、実習生たちはスーツ姿で一生懸命校舎の掃除をしてくれた。班を作って班名を決めて、掃除をする場所を選んで、時間をかけて磨く。最後に提出されたレポートには、「在学中には気づかなかった細かな汚れまで掃除することができました」

やっぱり「生徒」だった人が学校に向けるまなざしは温かい。それぞれが持ってる校舎の記憶はそれぞれに温かい光を放っていて、卒業から年を重ねてもきれいであってほしいし、きれいであれば嬉しい。「古びた」と言われたときは、ほんとを言うと、ちょっと悔しかった。それがずっと引っかかってたから、記念式典の日の言葉が一層嬉しいものに聞こえたんだろう。あの時、掃除をする実習生の姿、この大先輩方にも見せたかったな。そう思いながら、スーツの二人組を見送った。

「古びちゃって」に唇を噛んだり、「きれいだねえ」に頬を緩ませたり、思えば私の顔だってなかなかに忙しい。校舎はやっぱり、私が初めて来た時と同じ顔に見えるけど……。それでも3年かけて、私もこの校舎になじんできたらしい。

（2013年10月30日掲載）

大人の姿、未来の糧に

いつもの朝礼より少し早い時間に点呼をとって、生徒と一緒にバスに乗りこむ。企業見学に行くのだ。

事前に調べてはいたものの、やはり百聞は一見に如かず。一千度の火力を誇る窯には圧倒されるし、新農法を導入したハウスでは見たことがないような土壌から見事な野菜がなっていた。学校にいるだけでは気づかない進歩と工夫が、身近にたくさんあることに感動し、生徒と一緒に目を丸くした。

ある企業で、質疑応答に一段落がついたとき、担当の方がいたずらっぽい笑みを浮かべて一言。「今度はこっちから質問してもいいかな。君たちのなかで、大学卒業したら、島根に帰ってくるぞって考えてる人、どのくらいいるの?」ためらいがちに何人かが手を挙げた。「だいたい半々か。実はね、君たちと同じくらいの娘がいるんだ。大学に入ってから、こっちに帰ってくるのかなあって。50%なんだね。本人にはなかなか言えないけど、帰ってきてほしいんだけどなあ」。担当の方が冗談めかして言葉を継ぐと、生徒の中に笑いがおこった。部屋の空気が濃く温かくなった気がした。

企業には知らなかったたくさんのものがあって、初めて会うたくさんの方がいた。「一緒に働きたいのは、明るく元気に、素直に、ポジティブに、そんな人。だから、元気に素直に、頑張って」と言葉をかけてくださった方がいた。「若いもんがすぐストーブの周りに行くもんじゃないよ」と叱り飛ばしてくださった方がいた。企業見学が教えてくれたことは技術だけではない。

大切にされている、そう感じた時により深い交流が生まれる。高校生たちの頭には、今は、帰るも帰らないもないのかもしれない。でも、今日受け取った言葉は、忘れないでほしい。ここで育ってはばたけよ、そしていつかは帰ってこいよと温かく言葉を投げかけられた記憶は、きっと、自分の道を拓くための糧となるはずなのだから。

（２０１３年11月27日掲載）

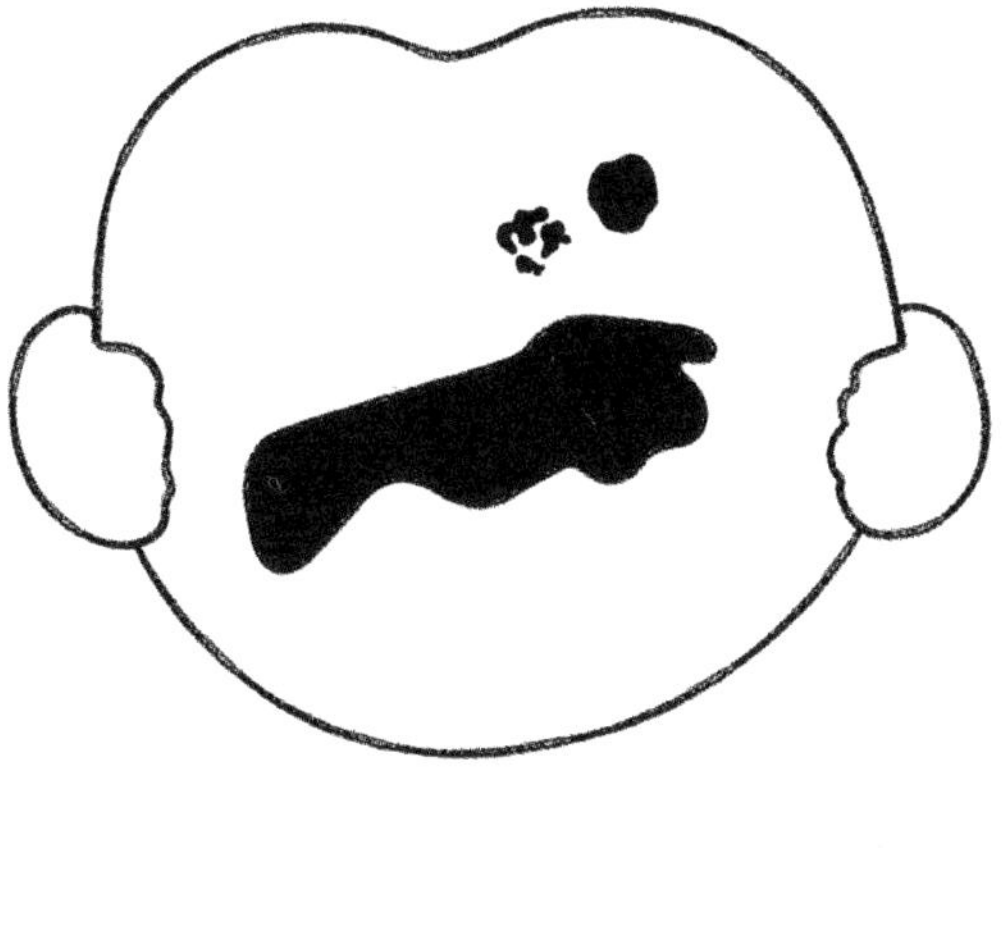

頑張りをエールに変えて

秋も深まってきた一夜、松江水燈路に出かけた。武家屋敷内のカフェで商業高校生たちが接客実習をしていると聞いたのだ。私の初任校も、地域は違えど商業高校だった。懐かしさに引き寄せられるようにカフェを覗くとわずかに幼さの残る顔をしたお兄さんたちがパンフレットを配ったり、道案内をしたり。このお兄さんたちかしら。学生服じゃないし、ちょっと自信がない。お茶を飲むうちに夜が更け、お兄さんたちは丸く集合して一礼。やっぱり高校生だ。手早くカフェエプロンを外し、学生服姿になると、スマホ片手に手を振りつつ散り散りになっていった。

進学校に通っていた私、高校時代は、自分と違う時間の過ごし方をしている高校生と触れ合うことはなかった。あのころの方が松江の城下町をいっぱい歩いていたのに、今になってこんな出会いをするなんて不思議。自分がしていた頑張りと、違う色のきらめきをもつ頑張りに、あのころ触れていたら、なんて思いつつ、夜風にあたりながら帰った。

それから2カ月が経って、初任校では、恒例の校舎を開放した大規模販売実習が開催。マイバッグを持って久しぶりに訪れた。メイン会場の体育館に足を踏み入れるや、名前を呼ばれてびっくりする。笑顔で立っていたエプロン姿は、採用同期の英語の先生だった。進学校勤務のイメージがあったけど、今はここで働いてるんだっけ。しばらくして目に入ったのは、高校時代の歴史の恩師。「あ、先生。お疲れ様です」、「よお、元気。おれはほんっとにお疲れだよ」疲れなんて感じさせない笑みで、頑張れよ、と続けると、先生は足早に仕事に戻っていった。

高校生の頑張りに触れ、お世話になった商業科の先生方にお会いしようと出かけたはずだった。でも、生徒と販売の喜びを共有している普通科の先生方に多く出会ったことが何よりも印象的だった。あの先生方も、やっぱり最初は新鮮な驚きをして、その上に積み重ねていったのだろうか、新しい環境で頑張る日々と、生徒と自分の新しい頑張りに触れる喜びを。教員は世界が狭い、なんて言われることもある。だからこそ大切にしたい、この出会いと気づき。それまで知らなかった色合いの頑張りは、いつでも背中を押してくれる。

（２０１３年12月18日掲載）

雪どけ前の大きな成長

「先生、元気分けてください」。不思議なお願いが学校のあちこちで飛び交った。

センター試験前日、午前中で放課の3年生が昼過ぎから職員室に姿を現し始めた。もちろん質問や添削に来ているのだけれど、指導が終わって帰ろうというときに、「握手してもらえませんか」「化学はこの鉛筆で解くから、これにパワー入れてください」。遠慮がちに教員の方へ走り寄ってきたりする。そんな要望を前に同僚たちが、「わかった。元気入れるからちょっと待ってね」だの、「えー、おれの大切な元気はあげないよ。自分の力だけで大丈夫だから頑張ってこい」だの、それぞれのやり方で背中を押そうとしているのが微笑ましかった。

センター試験当日は雪模様。ほかの教員と点呼に立ち会い、試験場に入る生徒たちを見守った。元気、足りてるかな。どんな顔、してるかな。「元気」のやりとりがまたくり拡げられるのかと思いきや、生徒たちは昨日と別人だった。多くはまっすぐ担任のもとへ行って、顔を見せたらそのまま受験生控室へ。最後にもう一度、教科担当教員のところにやってくる子もいるけれど、もう、互いに多くは語らない。こちらが何も言わなくっても、顔を見やると、目が合うと、「頑張ります」とうなずいて、あっという間に踵を返す。職員室で不安そうな顔をしていた姿と、今、雪の中一人で歩く姿を重ね、昨日よりも大きく見える背中を見送った。

自己採点が終わった。さらに明確になったそれぞれの目標をもって生徒たちは相変わらず職員室へやってくる。「質問があるんですけど」、「過去問解いたので見ていただけませんか」。前のように人懐っこく、よく話す。そして、ほんのときたま、困ったような笑みをうかべて、「元気、分けてください」

新たなステップに踏み出す時、また新たな不安もわいてくるし、「元気」はこれまで以上に要る。今は苦しい時期かもしれない。でも、いざという時、自前の元気で頑張ろうとする姿を見せてくれた3年生だ。きっと最後の正念場も、自分の足でしっかり立って、乗り越えようと頑張るだろう。そして、さらに大きな背中を見せてくれるだろう。彼らによい春が訪れますように。雪どけは、すぐそこだ。

（2014年1月29日掲載）

大切な思いを言葉に

センター試験が終わると、個別試験対策が本格化する。教科指導はもちろんのこと、小論文や面接指導も今が正念場だ。

教科の特性上、文学系を志望する生徒を担当することが多い。志望理由に自己PR、電子書籍の功罪、図書館の使命……生徒に面接対策用の宿題を課しながら、自分も一緒になって考える。私はなんで本が好きなんだっけ、なんで文学が好きなんだっけ。

面接練習で生徒が言った。「図書館で、紙の本は様々な人の手に渡って、繰り返し読まれて、本として生まれた役目を果たすことができると思います」。それ、いいね、と言うと、「これ、変じゃないですか」、自信なさげにこちらを見る。変じゃないよ、とってもいいよ、表現の仕方や構成を工夫すれば、もっとよくなるよ。

彼女は練習のたび「これ、変じゃないですか」を繰り返す。自分を表現することに遠慮があるのかもしれない。こちらもその都度、「変じゃないよ」と答える。

それでも回数を重ねるうちに、内容が厚みを帯びてきた。少しずつ声に自信がついてくる。きっと、だんだんわかってくるのだ。本気で語っていれば、それが変だなんて思われようもないということが。

面接練習も終盤に差し掛かったころ、紙書籍の魅力について尋ねてみると、「紙の本には特有の匂いがあります。手に取ると、その匂いや手ざわり、表紙のデザインなどから、最初に読んだ時の記憶をよみがえらせることができます」。ああ、そうか、と思う。だから私も紙の本が好きなんだっけ。彼女が口にした生の言葉が、聞いている方の心も温かくする。練習の後、彼女は決まり文句の代わりに「これ、いいですか」と頬を上げた。いいね、とっても、そう答えて一緒に笑った。

好きとか学びたいとかいう気持ちに説明をつけるのは無粋かもしれない。でもそれは、自分の原動力を探り当てることに似ている。心深くに眠るエンジンを探すのは大変だし、見せるのは勇気がいるけれど、動き始めた本物のエンジンは、きっとほかの人の心をも温め動かすことでしょう。一生懸命探して磨き上げたそれぞれのエンジンをもって、生徒たちはそれぞれの志望先へと向かう。胸を張って、頑張っておいで。巣立ちの日も目前だ。

（２０１４年2月26日掲載）

笑顔のひととき学食で

「先生見てくださいスペシャルだって」購買の前でにぎやかにおしゃべりをしていた女子生徒が突然声をかけてきた。見ていたのは学食のメニュー。今年度最後の営業日には〝スペシャルランチ〟を提供します、という内容が、太いマジックで記されている。「先生は学食って行かれますか」ときどきね。「スペシャルランチ、食べますか」どうしようかなあ。「食べましょうよ。豪華ですよ、楽しみ」その言葉に誘われて、〝スペシャル〟の日には学食をのぞいた。

生徒と食べるご飯はなかなかに面白い。古文単語のゴロ合わせから、異動する先生の予想、誕生日に名前の由来まで、たわいもない話が連なって、あっという間にお昼休みが終わってしまった。まるで、おうちの中のワンシーンのような時間。もくもくと食べて友達の分までデザートスプーンを取りに行く子。オレンジの種が上手にとれなくて四苦八苦する子。家庭での顔が学食のあちこちを行き交っている。ふとこの前卒業したばかりの3年生のことを思い出した。

卒業式の前日は、年に一度のバイキング。この日も学食は満員で、所狭しと座る3年生が、残りわずかなカレーを譲り合ったり、お互いの食べるものを交換したり。そして最後には食器を下げながら「ごちそうさまでした」。そうそう、忘れちゃいけない。「おばちゃん、メッセージ、見たよ。ありがとう」学食のおばちゃんは、3年生を送る会にビデオメッセージを寄せてくれたのだ。元気を分けてくれる生徒に感謝していると、いつでも帰っておいでと、言ってくれたのだ。「こっちこそ、ありがとう」「3年間、ありがとう」3年生たちは口々にお礼の言葉を言って、学食を後にした。

学食で流れる不思議な時間。家庭のような時間が溶けあうお昼休み。それを支えてくれるおばちゃんたちは、生徒にとって母親に近い存在なのだろう。まるで家族のことのようにランチの宣伝をしていた女の子の姿がまぶたに浮かぶ。

4月になったらクラス替え。また新しい関係が築かれていく。きっと学食は、その関係づくりの時間を提供してくれることでしょう。学食近くの桜が花開くときには、どんな顔がランチを囲んでいるのだろうか。

（2014年3月26日掲載）

ちょっと緊張、春の挨拶

地図を片手にたどり着いたのは、見通しの悪い交差点。地図とファイルは縁石に立てかけ、緑に白ラインの腕章をつけて。「おはよう」「左側通行のまま大きく回るんだよ」「スピードの出しすぎに注意して」。街頭立ち番が巡ってきた。

朝の時間は矢の如く流れる。最初のピークが過ぎ去ると、少し寂しくなった。知らない顔が、多いのだ。さっきの彼、だれだったんだろう。いきなり注意しちゃったけど、大丈夫かな。あの女の子は、挨拶したら困り顔だった。春の挨拶は一方通行になりがち。元気よく返事をするのは2、3年生で、ちょっと戸惑った顔を見せるのは……たぶん、新入生。見慣れない顔に言葉をかけるのは、こっちだって勇気がいる。そう考えると新入生の困惑も、しかたないようには思えるのだけれど。

始業時刻が迫ってきた。2回目のピークがやってくる。遅刻予備軍くんたちは、息を切らせて坂道を駆ける。こちらもつい、挨拶はあとまわし。「あと5分」「でも近道は駄目だからね」「もっと早く家をでなさい」。一方通行の注意が風にかき消されていく。

波が引いた。ファイルに目を落とし、背を丸めて所見を書き入れる。そろそろ時間だし、学校に戻ろうかな。薄い疲労感を覚えながら荷物をまとめた、そのとき。「石橋先生、おはようございまーす」。元気のいい声が飛んできた。私服姿の男の子が風を切ってやってくる。高校とは逆方向に走る彼。一瞬言葉がでなかったけど、あわてて声を張り上げた。「いってらっしゃい、頑張るんだよ」。それは、この前卒業したばかりの生徒。新生活が動きだしたんだね、おめでとう、そして、元気な挨拶をありがとう。

思えば、3年前、私たちも探るように挨拶を交わしていた。その日々のうえにある、今なんだ。戸惑いと、それを覆う勇気があって、関係は結ばれる。その日、一番元気のいい挨拶をした「新入生」は、住宅街の角を曲がって消えた。彼も大学では、困り顔で挨拶をしているんだろうか。今はやっぱり緊張するね。でもきっとその先には、温かい関係が生まれるんだろうね。未来がひょっこり顔を出したようで、少しほっとする。お互い頑張ろう。新しい絆の、端っこをつかむために。

（2014年4月30日掲載）

記憶と今が出会った先に

「先生、能を舞ってみたいんです」。それは数カ月前のこと。え、舞うって、あなたたち書道部じゃないの。聞けば、音楽に乗せて書を完成させるパフォーマンスが熱いんだとか。

大学では能楽サークルにいた。生徒にはウケないかも、そう思いながら授業に差し挟んだ学生時代の話を、覚えていてくれたのだ。「おもしろいんじゃない、やってみようか」

知人の力を借りて能の型を組み立て、一緒に動いてみる。「できそう?」と尋ねると、「やってみます」と力強い返事。彼女たちが書道をする放課後は、弓道部や文芸部の活動時間でもある。じゃあお互い頑張ろうね、と手を振った。

いよいよ公演をします、と彼女たちがやってきた。その様子を収録し、大会に出品するという。発表の場が試合の場でもあるんだね。その試合、見届けようじゃないの。

パフォーマンスは上から見るものと聞いて、吹き抜けの二階に上がった。練習では横一列で同じように動いていた体操服。今日は桜の着物に藤袴、それが大きな紙の上に散りばめられている。そうか、字を書かなきゃいけないんだもんね、わかってはいるけど、舞いと書が結びつかないまま眺める不思議。(それで、なんて書くの)(「イッセン」です)(「イッセン」って……)練習を始めた頃の対話を思い出す。「礼」「お願いします」凛とした声が響き、和の調べが流れ始めた。桜と藤が紙の上を舞い、その間を縫うように墨が紙を埋めていく。それは、私の知っている能とは違う舞い。能の名残をとどめながらも、彼女たちにしか舞えない、新しい何かだった。へえ、書道ってそんなに生き生きと動くんだ。躍動感ある筆の運びは、私の知っている書道とも違っていた。

大きな字に天高く昇る竜の絵、そしてスプレーで彩られた雲。生まれた字は「一閃《いっせん》」だった。それは、舞いに思いを乗せようとしていた私の記憶と、書に思いを託す彼女たちの今が出会って生まれた、ひとときのひらめき。かつての熱意が掘り起こされたようで、嬉しかった。

彼女たちの今も、いつかは思い出になるだろう。子どもたちにいい顔で語る思い出に。その思い出はもしかしたら、次の世代の「今」と出会って、新しいひらめきを放つのかもしれない。

（２０１４年５月28日掲載）

見えない応援を受けとめて

総体引率の初日。弓具置き場に顔を出すと……いつもと違う笑顔で迎える部員たち。なにか言いたそう、でも、それを抑え込むような、ふしぎな笑顔。すぐにわかった。その笑顔のあて先は私じゃなくて、後ろにいた先生。春の異動まで一緒に弓を引いていた副顧問の先生だ。

同じ部活に身を置いていると、異動をさかいに、昨日までの同志、今日からは好敵手、なんてことも起こってしまう。生徒たちの困った笑顔を見て、自分が異動して間もないころのことを思い出した。ようやく顔と名前を覚えたか覚えないかという弓道部員を引率していると、いろいろな学校の子が挨拶をしてくる。「……おはようございます」挨拶の前にちょっとだけためらいを見せて、なにか言いたそうな顔をして、結局言わずに背中を見せる。それは前任校の部員たちだった。

あれから3年が経って、今度は見送った側。総体に出る前、部員たちは口々に言っていた。「先生に、会えますね」「……ができるようになったこと、気付いてくれるでしょうか」。伝えたいことはいっぱいあるけど、我慢したほうがいいですよね。先生も、あっちで頑張っておられるはずだし、私たちだって……。目の前にいる彼女たちと話をしながら、あのときすれ違った前任校の部員たちが呑み込んだ言葉を聞いたような気がした。

やっぱり、総体会場では、言葉をのみ込む部員。なにも言わない先生。

それは、もはや敵同士、なんて感情ではなくて、自分たちの目の前にある新しい関係を大切にするためだったのだ。今の指導者と、今の教え子と。新しい関係を築いて、その中で強くなるために。

大会、部員はよく頑張った。「俺のぶんまで褒めといてよ」、全てが終わって、入賞を果たした彼女たちに一言だけ先生の声を届けると……。「やっぱり。私、先生が遠くで、うん、ってうなずいてくれたのわかったんです」、部員が嬉しそうに言う。え、本当に。応援の気持ちは抑え込んでいたはず。でも、見守られているという事実は生徒にたしかに伝わっていた。応援を力に変えられる子は、強くなる。そう信じて、新しいメンバーで頑張らないとね。学校に戻ると、お留守番の新入部員たちが、笑顔で待っていた。

（2014年6月25日掲載）

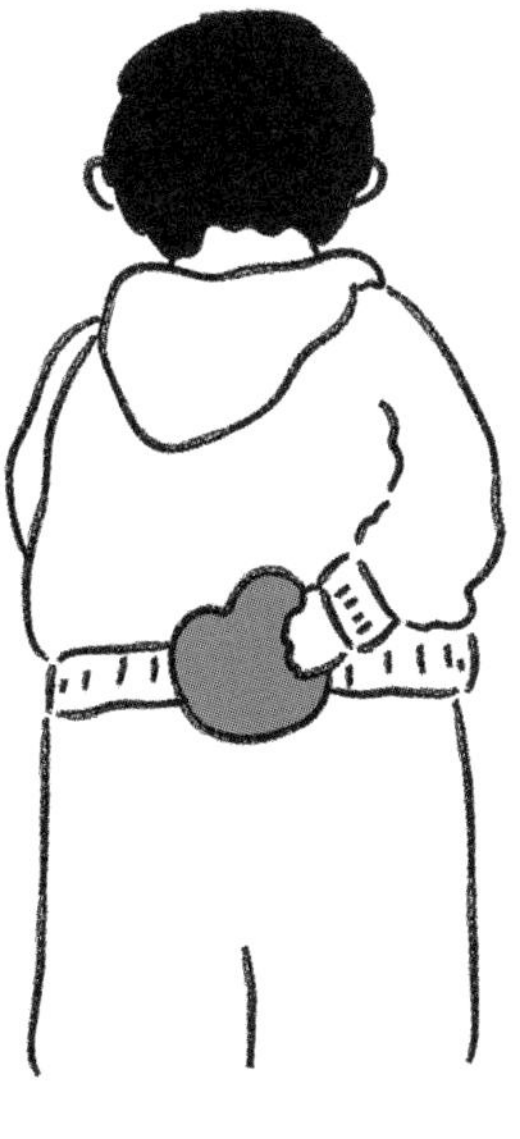

何気ない日々　固めた絆

パソコンを前に少し考える。学年通信、次は何を載せようかなあ。そのとき浮かんだのは、梅雨明けとともにやってきた新しい仲間のこと。そして、球技大会のこと。

ボールの弾む音が響く。熱気に包まれた体育館で、生徒に囲まれた。「先生、やっぱり更衣室に案内していいですか」。「シューズは誰かに貸してもらって……」まくしたてる体操服女子たちと、真ん中ではにかむ制服姿。金髪の彼女は、アメリカからの短期留学生だ。見学の予定だったけど、そうだよね、応援も同じ格好のほうが盛り上がるはず。

会議で中座した。戻るとちょうどゲーム終了。金髪のお下げが揺れている。肩と一緒に上下に揺れている。女子たちが口々に言う。「みんなで出たんです」。残念、見逃した。でも、いいゲームだったことは生徒の笑顔が教えてくれた。

よし、これだ。英語科の先生に協力してもらって彼女にインタビューをする。質問はシンプルに「一番の思い出は」「最後に一言お願いします」。心の中ではもう球技大会できれいにまとめる筋書きができていた。

「受け入れてもらえたこと、だって」。「え」。英語の先生に思わず聞き返す。「これっていう思い出じゃなくて、ディズニーとか、共通の話題で盛り上がれたとき、仲間になったなあって感じたそうよ」「それに、今までで一番早く友達ができたんだって。自分は仲良くなるのに時間がかかる方なのに、って」。ようやく言わんとするところがわかってきて、温かい気持ちを抱きつつ、反省の苦笑い。

そうか、逆だったんだね。ひっくり返された安易なストーリーの裏には、あれで彼女たちが劇的に仲を深めた、という勘違いがあった。でも実際には、休憩時間に放課後、そして授業、さまざまな場面で固められた彼女たちの絆。その土台があるから生まれた、「一緒にコートに入りたい」だった。クラス「全員」で参加した球技大会は、それまでに築いた関係の証明だったのだ。

本格的な暑さとともに、帰国の日が近づいてくる。「テレビや学校を通してじゃなく、この目で日本のリアルを見たくて来たの」、そう語っていた彼女。肌で感じた日本でのつながりを、海の向こうでなんて語ってくれるのだろう。

（２０１４年7月30日掲載）

筆をふるうための選択

「……で、この本最大の魅力っていうのが」、お気に入りの一冊を手に、プレゼンする生徒たち。県内文芸部の交流合宿にやってきた。教室の後ろには各校が持ち寄った色とりどりの文芸誌が並べられている。あれこれめくっていたが、ある一冊で手が止まった。これって、そうだ、間違いない。母校の文芸誌だ。

初めてこの本を手にした高校時代のあの日は、学園祭だったのか、とっても心惹かれた一節があった。どんな人がこの文章を紡ぐのだろう。文芸部ではなかった私にはクラスも名前もわからない。筆名を頼りに先生に尋ね、おそるおそる上級生の教室をのぞいた。

あの頃はまさか将来、文芸部の顧問になるなんて。いつかうちの部室にも「この作品を書いた人にぜひ」なんて、訪問者が現れないかなあ。そこまで思いをはせて、気がついた。うちの部には、筆名を使っている子がいない。

次の部活動で聞いてみる。「次の文芸誌、ペンネームで書く？　それとも本名で掲載する方がいい？」「うーん、たぶんペンネームは使わないと思います」「どうして」「みんな私が書いてること知ってると思うし、ペンネームを使うのはかえって勇気がいるんです」。そういうものなのね、と、1年生の言葉に相づちを打っていると、「本名は反応がこわい面もあるけど、そっちの方が読んでくれるような期待もしちゃうんですよね」。こっちは3年生の声。

筆名を使う勇気、本名で書く勇気。これまでなんとなく筆名の方が作品発表はしやすいんじゃないか、なんて考えてたけれど、文芸部員たちはそれぞれの思いをもって筆名か本名かを選び取っているのかもしれない。毎日顔を合わせる相手に発信する文章、どっちが筆をふるえるか、どっちが相手に届きやすいか。それは、自分を表現する上での大切な選択みたい。

まもなく学園祭。部誌作成の準備をしながら、やっぱり今年もうちの生徒に筆名派は現れない。「この作品を書いた人に……」は、まだ夢のままみたいだけど、それも君たちの覚悟。自分の選び取った土俵で思う存分書きましょう。彼らの紡いだ文章が、少しでも多くの人に届きますように。

（2014年8月13日掲載）

ひと夏の企画、ともにつくる

はじまりは、主将のひとこと。「弓道部で学祭企画、立てちゃだめですか」。だめってこともないけど、これまでしたことないよ。それでもやるなら覚悟決めてやろう。なんて言っていたら、「お化け屋敷がしたいです」しまった、そうきたか。やったことも入ったこともない苦手分野。なにかもどうすればいいいんだろう。

たくさんの先生から声をかけられる。「大変ですよ、暑くって」「段ボールで窓覆うものね」。そうなんですか。知らない自分に不安が募る。「保護者さんにも相談してみたら」

保護者の方はさらりと言った。「白い壁も覆う必要がありますね」「棒と机をこう組ませたら安全な壁ができますよ、あと……」。知らない世界が見えてくる。「なんとかなりそうですかね、頑張ってください」。力強く励まされた。

夏休み、お化け屋敷のチラシを見つけ部員と足を運んだ。目に焼き付けるはずが、無我夢中で駆け抜けてしまって、どうしよう、でも折角だし……「もう1回入っていいですか、実は……」。事情を話してみる。「だったら写真も撮って。学校で使えそうな小道具は、これに、これと……」。驚いていると、受付のおじさんはさらに続けた。「うちの娘、弓道部だったんだ」

夏休み終盤、部員たちが走る。「大学ではビールケースで壁作ってたそうです」「母さんが、このござ使っていいって」「近所のお店からマネキン借りられました」。だんだんとお化け屋敷が姿を現してきた。

なんとか迎えた学園祭。お化け屋敷には行列ができた。整理券での対応を提案すると、隙間時間にキャンセル待ちの生徒も入れたいと言う。結果、部員はフル回転。整理券だけにしちゃえば自分たちの時間が取れたはずなのに。それでも頑張ろうとしたのはきっと……。

全てが終わって片づけていたら女の子たちが口にした「友だちが面白いって言ってくれました」それはそうでしょ、支えられてるもの、いろんな人たちに。「せっかく作ったんだから、たくさんの人に見てほしかったんです」。二日間だけのお化け屋敷。それは、部員たちと、学校を温かく見守る人たちとの、合作だった。

（２０１４年９月17日掲載）

思い出の場所が結んだ絆

放課後、職員室から廊下に出ると、「あ、先生」、元気のいい声。そこにいた私服の女の子たちは……。「久しぶりだねえ、道場にはもう行ったの」、「はい、さっき」。弓道部のOGだった。いつ卒業したんだっけと考えるより先に、今年の総体が頭をよぎって、「○○さんも総体で引退してね。最後までがんばってたわ。みんなに鍛えてもらったおかげだね」。同調を期待したのに、彼女たちは首をかしげた。「おかげってほど指導したっけ」「一瞬だったよね、入学してきた4月から、私たち引退の6月まで」「2カ月なんて、基礎だけだもん」。今度は私に疑問符が浮かぶ。そうだっけ。あれ、ということは……。「もしかして、今の道場に知っている子は、いないいんじゃない?」。深く考えもしないまま、なじみの後輩たちの激励に来たものと思い込んでいた。「実はそう。早いですね。入るのに勇気いりました」。からからと笑う卒業生。来てくれるのは、もちろん嬉しいしありがたい。でも、誰に会うでもなく、引き寄せられるようにやってきた彼女たちが、ちょっぴり不思議だった。

それから数週間後のこと。知らないお兄さんがひょっこりと道場をのぞいて、「はじめまして、今の顧問の先生ですか」。そうですけど、あなたはどなた。「就職でこっちに帰ってきて……。少し、練習を見学してもいいですか」

「変わってませんね」と目を細めて道場を見渡す彼。もしかしたら、彼も、その前にやってきた彼女たちも、道場に会いに来たのかな。同じ目標を掲げて、一生懸命弓を引いた。その記憶が残る場所に。

私の戸惑いをよそに、「知らない大先輩たち」と部員たちは、驚くほどすぐ仲良くなる。弓のことを質問したり、大学生活に目を輝かせたり。よく考えたら、みんな同志だもんね。同じように悩んだり喜んだりしながら、弓を引く。ここにいた時間が違うだけで、ひとつの道場に、みんなで温かい記憶を重ねてきた。思い出の場所を介して人がつながった。ありがとう、またいつでも来てね、先輩たち。きっと、何年先も、同じ目をした弓道着姿が迎えてくれるでしょうから。

（2014年10月29日掲載）

語られた言葉、人をつなぐ

現代文の授業を終えると、「この人、動物園に行った詩も書いていませんか」女子生徒が、やったばかりのページを指さした。え、そうなの、それは知らない。「はっきりとは覚えてないんですけど、小学校のときに聞いた気がして」

調べとくね、とか言ったものの、やっぱり餅は餅屋におまかせ、「ねえ、中原中也の詩、探してるんだけど」。司書さんに尋ねることにした。「連れてった息子が、象を見てもヤアと言い、なんとかを見てもヤアといい……」うろ覚えのまた聞きで、要領の悪いことこの上ない。まだまだ修行中の身、私たちが知っていることは作家の一面だけだ。私はただ幻想的であやうげな詩を書く詩人だなあと思っていたのだけれど……。生徒の言葉から伝わる家庭的なイメージに興味がわいた。

しばらくすると、「これじゃないですか」。のどかな詩を思い描いていた私は不意を突かれた。〈春が来たつて何になろ　あの子が返つてくるぢやない〉それは、死別したわが子を悼む詩だった。やるせなさが綴られ、動物園の回想になる。どの動物を見ても「にゃあ」と呼んだ息子。

ページのコピーをノートに貼って、次の授業に持って行く。知ってるのかな、教えていいのかな。でも、調べるって言っちゃったしな。「これかな」と見せると、「あ」といったなり、なにも言わずに読みふける彼女。やっぱり、これだ。「こんな詩だったんですね、動物園だけ覚えてて」。小学校で習った温かい詩として記憶していたのだろう。教えてよかったのかな、がもう一度頭をよぎる。「担任の先生が、いろんな場面で詩を紹介してくれたんです。読み返せて良かったです」、彼女は、詩との再会にふっくらと温かい笑顔を見せた。
目の前の児童に、温かく切ない詩を教えた人は、きっと心優しい人だろう。私の中也像をひきのばし、彼女の像とつなげるきっかけをくれた人。語られた言葉は不思議と人をつなぐ。小さな女の子に詩を教えた誰か。ちょっとお姉さんになった彼女に詩を教えた私。そして不思議な縁の上に立ち現れてきた「教科書の中のひと」。いつか彼女は、また中也を思い出して、誰かに語るだろうか。そのとき、また新しいつながりが生まれるのかもしれない。

（２０１４年11月26日掲載）

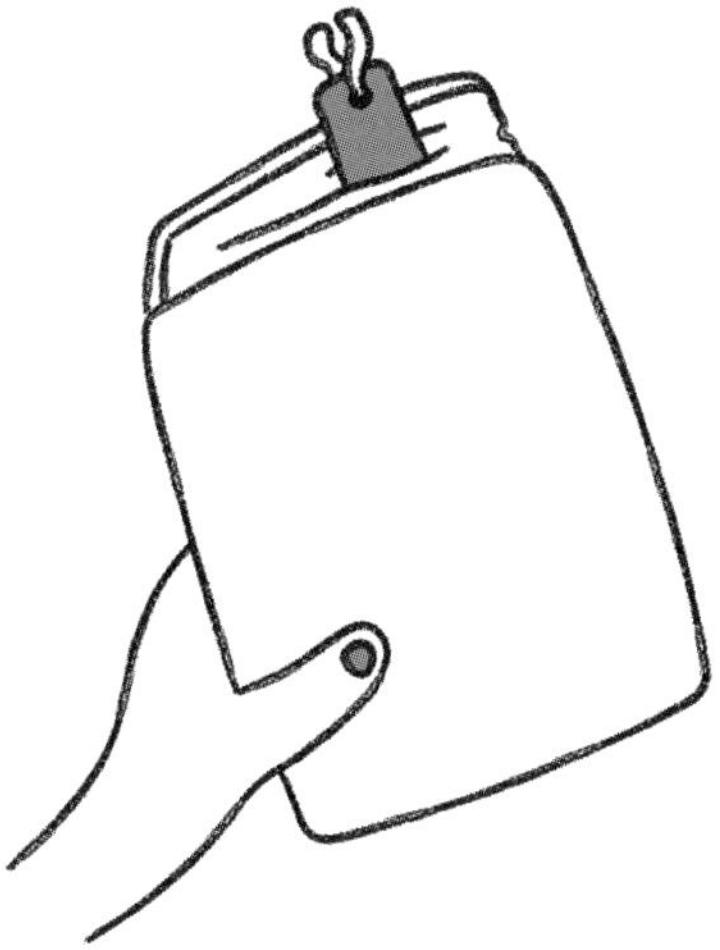

図書館がつなぐ思いのバトン

古い本の詰まった箱を台車へ載せる。「古紙でいいんだよね」、念のため、ぐらいのつもりで司書さんに確認したら、「いいえ、機密文書です」。「え、なんで」、目を丸くすると、「バーコードと個人情報の関係じゃないですか」と返された。保管期限が過ぎた重要書類は、「機密文書処分場」に納められる。

読み継がれた本たちは静かにその勤めを終えて倉庫に入った。ちょっと寂しい。手垢がつき、日に焼けた裏表紙をめくってみると、空っぽの「貸出《かしだし》カード入れ」。かつては読書ついでに、カードもぼんやり眺めていた。あの頃の本たちはどうなっただろう。

倉庫と図書館を何往復もして、こんなにたくさんの本が書架から降ろされているということに驚く。でも、そうだよね。毎年たくさんの新顔がやってくるものね。よっこらせ、と最後の箱を置いて、倉庫に施錠。年末の大仕事が終わった。

ある日、下校時刻も過ぎてから「ちょっと見てやってくれませんか」と、司書さんの声。うながされて入った図書室の机には、おしゃれなクロスがかけられ、お手製のポップが立てかけられていた。「図書委員でクリスマス会の準備をしたんです」

生徒たちが一枚ずつ作ったポップは、何枚もの色画用紙を重ね貼りしたり、マスキングテープで縁取ったり、それぞれに工夫があって、温かい。そして、真ん中には、ひとりひとりにとって大切な本の紹介。シンプルにまとめてあるものも、ぎっしり書いてあるものも。味の違いがおもしろい。

引退する本たちを前に気づくのは、一冊との出会いという奇跡。

今では見かけない貸出カードには、その奇跡が刻まれていて、（この人、2回も借りてる）とか、（クラスの半分以上の子がもう読んだんだ）とか、カード越しに、誰かと本との出会いやその時の思いに手を伸ばせた。色とりどりのポップは、（感動したから読んで読んで）、自分と本との出会いを雄弁に語っている。時代は流れてツールも変わる。でも、変わらない部分はたしかにあって。「これ、どうだった」「ぜひ読んで」、図書館では思いのバトンがつながれている。

（2014年12月24日掲載）

留学生の真心　案内状に乗って

「月例会、どんなふうにやろっか」弓道場で部員たちに投げかける。1年間一緒に弓を引いた、留学生の帰国が迫っている。今月の例会は、彼のお披露目会、兼送別射会とすることにしていた。うちの道場は校地のはずれ。来てもらうなら、案内状ださないとね。部員たちと冗談めかして相談しながら、ふと思いついた。

留学生くんを呼び出して、話をする。「予定通り、射会をします。でね……」私はおしゃべりだ。でもここは我慢どころ。「案内状のため、『来てください』が伝わるような日本語の文章を考えてください」その日はどこまでも言葉を惜しんだ。

彼は1年で日本語力を大きく伸ばし、その言葉で、たくさんの人とつながってきていた。案内は、本人の思いを、本人のことばで。

そして週末を挟んで月曜日。「デキマシタ」。どれどれ、見せて。そこには一生懸命書いた言葉が連ねられていた。毎日練習したこと、弓について勉強したこと、弓道が一番大事になったこと、その成果を見てほしいこと。「ドウデスカ」はにかむように言う彼。うれしい、と、これは答えになってないか。でも、やってほしかったことが、ちゃんと伝わってて、うれしい。これなら、頑張ってきたことも、感謝と招待の気持ちも、ちゃんと届くね。「配りに行こう、今すぐ」

招待状を手に校内をまわる。「ありがとう、ぜひ」「行きます、頑張ってね」「その時間はちょっと……でも応援してるから」温かい言葉が返ってくる。

思えば彼と対峙する時は、いつも言葉を探していた。伝わる日本語にしないと。でも、噛み砕きすぎたら失礼かな……。

言葉を選んでいる時間は、自分の心を見つめる時間なのかもしれない。伝えたいこと、届けたいことを考えて、ときに言葉を尽くし、ときに言葉を惜しむ。きっと留学生くんも、言葉探しをしたことだろう。そうして磨かれたまごころが、案内状に乗って、たくさんの人のもとへ届けられた。

射会まであと1週間。自分のために、そして来てほしいたくさんのだれかのために、ひときわ大きな背中が、今日も弓を引いている。

（2015年1月28日掲載）

母校で記憶をたどってみると

茶色のスリッパに履き替えて、「おじゃまします」、事務室に会釈。会議で久々に足を踏み入れた母校だった。変わってないなあ、と言いたいところだけど、これが意外と覚えてなくて。「すみません、図書室は……?」ついでに見学する予定が、道を尋ねる始末。昔から人一倍忘れっぽかった。

引き戸を開けて安心する。あ、ここなら覚えてる。カウンター近くにある本棚の間。誰かと一緒に過ごしたり、ときにひとりで読みふけったり、このすき間に落ち着いていた。

今はこんなふうなんだね。どことなく広くなったすき間に身を埋める。「ふーん……」歎息のような声をもらしかけ、ふと見ると、テーブルの先に小さな肩と頭。息をのんだ。だれもいないと思ってたのに。何年も前からそうであるかのように、すき間にすっぽり収まっている彼。私もあんな子だったのかも。

「ありがとうございました」図書室の扉を引き、会議室へ向かう。歩くうちにだんだんと、覚えている場所の法則が分かってきた。階段の踊り場、その下の公衆電話、職員室前の長いす。ものすごい勢いで駆け抜けた高校生活。その中で、ちょっと立ち止まって、安らいだり、物思いにふけったりした場所。カードの度数を眺めながら家族の声を聞いた場所。考えごとをしつつ面談の順番を待った場所。模試結果や志望校を友だちと語り合った場所。

教壇から生徒たちを眺めるうちに、いつしかそこには網目のような人間関係が、常にあるように思いこんでいた。入り組んで、こんがらがりやすくって、でも温かい関係。そのなかで生徒は育っていくんだと信じていた。だけど、自分の記憶をたどりながら、ふと思う。点や線のなかで、安らいだひとときに、育ててもらったこともたくさんあった。ひとりで自分を見つめたり、親友や親と対話したり。

学校にあるのは、網目の関係と、線のつながりと、点の時間。

母校を出て振り向けば、校舎の窓から漏れ出る光が優しかった。ここに身を置いて、育ててもらったんだ。ありがとうございました。あの彼も、いつか、学校を振り返るのだろうか。やっぱり、すき間での記憶から、思い出すのかもしれない。

（２０１５年２月25日掲載）

それぞれの道へ、船出のとき

引越しの準備をする。学校のデスクと、自分の家と、紙類をまとめて分類して……。作業の合間にぼんやり指折る、(ここで授業をするのも、あと……)。

異動が決まった。

自分のクラスでの授業は残すところ5時間。なにができるかな。なにを伝えようか。そんなことを思っていた月曜日の1時間目。あれ、生徒が異様に少ないぞ。出席簿に並ぶ出席停止の文字。これってもしかしてインフルエンザ? その日のお昼にはあえなく学級閉鎖の宣告が下り、教室は空っぽになった。カウントダウンは5時間から突然1時間に。次にみんなと会うときが、もう、最後の授業だ。

廊下を歩くと、学級閉鎖のクラスだけが、しんとしている。薄暗くって、妙に広い。早く帰っておいでよ。

そんなある日、学校帰りに本屋に寄ると、「お、先生じゃん」、卒業したての男の子たちに出会った。ちょっと雑談をしていたら「先生は、異動がありますか?」訊かれるかもとは思ってたけど、それでもやっぱり身構える。「さあね、新聞発表をお楽しみに」隠しごとは、なんだか居心地が悪い。このまま会えなくなるのかなと思って、「離任式には、くるの」と尋ねれば、「はい」とうなずく二人。「よかった。じゃあもう1回は会えるんだ」。言ってから、(「もう1回は」ってまずかったかも)(いやいや、卒業生相手だし、この返しは普通か……)隠しごとって、本当に居心地が悪い。

本屋を出て、まだ考えている自分がいる。もう1回、もう1回かあ。ふとクラスの顔触れが浮かんだ。こっちもあと1回、なんだよね。1週間も会えてなくて、いきなり最後の授業。でも、クラスの子たちとは「隠しごとの時間」を過ごすことなく、お別れの日を迎えられそうだ。空っぽの教室を見ては、1年を振り返る。なにが伝えられただろうか、最後に何を伝えられるだろうか。

私服姿だったあの卒業生くんたちは、離任式にスーツでくるのかな。クラスの子たちはクラス替えにちょっと不安そうだった。新しい生活が始まるね。別れは寂しいけれど、船出の先には、きっと面白いことが待っている。それぞれの道へ、まもなく出発だ。

（2015年3月25日掲載）

遠足　楽しい出会いを探しに

桜の緑が目にまぶしい。年度替りは毎日があっという間だ。「どう、高校生活は」、面談で尋ねると、「楽しいです」もいれば、「忙しくって戸惑ってます」もいる。そして、「知らない人が多くって、ちょっと疲れちゃった」の声も。「仲良い子も増えたんです。慣れてないだけ」。控え目に笑う女の子を見ながら、半月前を思い出した。

着任式の午後、「今から遠足の下見に行きませんか」、隣のクラスの先生に声をかけられた。よかった、ぜひお願いします。全道程を「歩く」、文字通りの遠足だと聞いていた。土地勘ゼロの新天地だけど、担任が迷うわけにはいかないし。

渡されたのはカメラ。しおり用の写真を撮るためだ。しおりと同じ場所を探し出し、集合写真を撮って帰る、というのが生徒たちに課せられるミッションらしい。町を練り歩いて、いっぱい写真を集めればポイントアップ。班対抗企画に「面白そう」、正直な感想をもらす。「でしょ。島の子が活躍できるんです」

今度の勤務先は初めての離島だ。半数くらいが島外からやってきた子。ずっと同じ顔ぶれで成長してきた島の子たちは、高校入学で、人生最初の「新しい人間関係づくり」に直面するんだとか。寮生のホームシックばかり気にしちゃってたけど、島の子だってエネルギーいるよね。でも、つながりたい気持ちは、学校の中にも外にもあふれていて。

工場でお願いをした。学校の中にも……今度の遠足、表の看板あたりで集合写真を……。忙しい中、受け入れてもらえるだろうかと心配していたのに、「なら、ここまで入って挨拶してからね」、思わぬ提案が返ってきた。いいんですか、お仕事中なのに。「そっちの方がいいでしょ、待ってるから」。力強い声に頭を下げる。「よろしくお願いします」。それを機に、ミッションには「挨拶すること」が加わった。

まもなく遠足当日。新入生たちはきっと協力してやり遂げるだろう。島の中の子が、得意を生かしてくれるといいな。島の外の子が、地域に親しめるといいな。もしかしたら、島の外の子も中の子も、「初めて出会う人」と触れ合うかもしれない。初めてとの出会いは緊張するしちょっと疲れるけど、楽しいことに満ちている。気付いたあとの顔は、どう変わってくるんだろう。楽しいこと探しへの旅立ちが、もうすぐやってくる。

（2015年4月29日掲載）

寮に流れる不思議な時間

時計を見つめる。勤務時間が終わるのを見届けて、今日はお先に失礼します。自然と気がせいてくる。職員室入口の鞄を取って、「持ち物ってこれだけでしたっけ」周囲の先生に尋ねると、「これもお願い」、郵便物を鞄に差し込まれた。「——さんが配る係になってるはずだから、よろしく」承知しました、ではいってきます。

うちに帰って、とりあえずお風呂。着替えと化粧品を詰め込んで、学校に戻る。はじめての舎監、寮での宿泊当番だ。

「今日は先生なんですね」「舎監デビューですね、頑張ってください」。担任している生徒たちなのに、寮生活はあっちが先輩。不思議な感覚を抱きながら、セルフの夕食に手を伸ばす。「レンジはこっちですよ」「ありがと。台拭きはどこにあるのかな」。わからないことだらけの中で、夕食と点呼が終わった。

舎監室で本を読む。自習時間に見回って、また読書。舎監の夜は、なんだか長い。これまでも遠征や合宿はしてきたけど、そんな夜とも何かが違う。あの夜たちは、大会のことを気にしてる間に、流れ去ってしまっていた。

夜が更けて、そろそろ最終点呼と消灯。日誌を書いていたら、次々と生徒たちがやってきた。「延灯します」「明日は遠征だから、1時間早く食堂を開けてください」前者は消灯後にも電気を灯して学習する生徒、後者は点灯前に出発する運動部員だ。そして彼らは口々に言う。「自分たちでやるので、先生は寝てて大丈夫ですよ」

いやいや、そういうわけにもいかないでしょう。笑いながら、だんだんと、わかってきた。これは彼らの生活なんだ。合宿やお泊まり会といった非日常的イベントではなくて、「生活」。選びとった生活を送っている彼らは、自分の生活を大切にしている。そして、周囲の人の生活をも大切にしようとしている。泊まる前はどんなに大変なんだろうと身構えていたのに、彼らはきちんと自分の日々を回していた。長い夜の中には、彼らの生活と、そして私の生活があって、それが少しだけ触れながらも、それぞれの輪郭を保っていた。

学校でまたいつもと同じ朝。おはよう、今日も頑張ろうね。笑顔で返事をする生徒たちは、陽の光を背に、少し大人びて見えた。

（2015年5月27日掲載）

実習生が語ったことば

職員朝礼が終わった。「いつもなら、このあとすぐ行くんだけどね」。前置きをしてから、生徒朝礼の打ち合わせ。突き合わせた顔がこわばっている。「大丈夫、大丈夫。自己紹介、考えたんでしょ」。教育実習生がやってきた。

私の朝礼を何回か見てもらって、いよいよひとり立ち。連絡事項がないときも、「今日の連絡は、特に、ありません」。じっくりと、大切なことのように口にする実習生くん。「もっと好きに話していいよ」と投げかければ、「ゆっくり話して、緊張が見えないようにしてるんです」

たしかに思いを語るのは、知識を語るのより、事務連絡を伝えるのより、エネルギーがいる。でも、せっかくだし……、部活動の話したら。彼はうちの花形運動部出身。県総体の直前だった。

翌日、ゆっくり連絡をしたあと、彼は続けた。「大事な大会を、皆さん、控えています」。あ、語ろうとしてる。いつもと違う様子に、教室の空気がぴんとする。「僕は昨日、部活動で張り切って、けがをしました」。一瞬の戸惑いのあと、ゆるい笑いが教室を包む。でも、実習生くんはペースを崩さない。「一番悔しいことは、本番で自分の力を発揮できないこと。今だからこそ、基本を大切に、無理はしないで。自分はそれを怠ってけがをしたから、みんなに知ってほしい」

部活動の話を契機に、彼は少しずつ「語る」ようになった。部活動のエピソードから掃除をすることの大切さを語る。誕生日を迎えるからと向こう1年の抱負を語る。少しずつ大人の顔になる。どんなときも、自分を語るのは大変で、それだけに相手に響く。掃除中、彼に話しかける生徒が増えた。あの言葉を受けて、頑張っている自分を見てほしいのかな。遠くで見守りながら自然と頬がゆるむ。誕生日には「おめでとう」、そして最後の日には「ありがとう」の文字が黒板を彩っていた。「すぐ大学に戻るの」と尋ねれば、「そうですね。でもときどきは、また部活を見に来たいです」。きっと生徒も喜ぶでしょう。また、いろいろ話しにおいでよ。

自分を語る時間、相手への願いを伝える時間。毎日ほんのわずかな時間に重ねた言葉は、少しずつ教室にしみこんでいった。先生の顔になった彼は、立派なクラスの一員だった。

（2015年6月24日掲載）

交ざり合って強くなる

熱気あふれる体育館。白いバレーボールを目で確認しつつ、応援場所へと移動した。その日は、球技大会。

担任する1年生たちの試合が始まった。相手チームは2年生。一生懸命ボールを追うけど……やっぱり上級生相手は難しいか。今度は1年生対決。ちょっと応援しにくい。両方のチームにクラスの子がいる。

球技大会が学年団チームの総当たり戦をする形式だと知ってびっくりした。経験上、クラス対抗とばかり思っていたが、今年から勤める小規模校では、クラスの枠を外して何かをすることが多い。しばらくして、次は対3年生。これもあっという間に勝負がついた。

「手加減してよー」、上級生に声をかけると、彼女たちは足を止めるや、「私たちもやられてばかりでしたもん」。別の一人が、「だんだん強くなったんですよ。慣れたからこそ、言い合えるっていうか」と言葉を継いだ。

もう一度コートを見る。球技大会の練習期間はそう長くない。技量も必要だろうけど、声のかけあいとチームワークが大きな要素となる。4月に出会ったばかりで、おまけにクラスも交ざり合った状態でプレーするのはエネルギーのいることだろう。1年生たちの頑張る姿に応援の気持ちが強まった。

それからしばらくして、学校は学園祭準備に突入。体育館での色分団別集会でも発見があった。

「こっちの分団は見事にまんまるですね」「あ、あっちは扇形」色ごとに生徒の集まり方はちょっとずつ違っていて、それが面白い。そして、「どの分団も、ごちゃまぜですね」。やっぱり学年も、クラスも、ひとたび解体。クラスの子の頭が、ぽつぽつと散らばって見える。まとめるのは、3年生の分団長たちだ。30分ほどの集会で、分団はそれぞれに小さな円をいくつか作ったり、またひとところに集まったり。工夫をしながら話し合いをしている。「強くなったんですよ」が頭をよぎった。交ざり合った環境の中で、声を出しあいながら成長した3年生のもと、より大きなまとまりができようとしている。最初は大変かもしれない。でも、みんな、それで強くなることを知っている。各色はどんな顔に育つだろうか。1年生はなにを学びとるだろうか。学園祭は1カ月後だ。

（2015年7月29日掲載）

再会を願って 港でのお見送り

はじめてそれを聞いたのは、たしか、新緑が目にまぶしい季節。「次って授業?」先輩同僚から声をかけられた。首を横に振ると、「あたし、今からお見送りに行くの。一緒にどう」。はて〝お見送りに行く〟とは。考える間もなく、車に乗せられた。揺られるうちにわかってくる。そうか、この道の先には……。着いたのはやっぱり港。公式戦に旅立つ運動部の姿があった。外の広場からフェリーに手を振る。そこが見送りの定位置らしい、と、これはあとになってから知った。

「お見送り」文化に慣れてきたころ、「引率、お願いできる」。ふいに〝見送られ体験〟をすることとなった。夏休みを利用して島生活体験にやってきた中高生たちを、本土へと送り届けるのだ。デッキに出るや、岸から引き上げられる紙テープ。一端を子どもたちに握らせて……え、もう出港?島とフェリーとをつなぐ色とりどりの紙テープが、風に揺れながら伸びていく。デッキの子たちは、泣いていいた。せっかく仲良くなったのに、お別れかあ。お見送りの風景に感動しつつも、少し寂しい気持ちが残った。

お盆を過ぎると、暑さも蝉の声もちょっと控え目になる。学校説明会にやってきた中学生にお弁当を手渡していたら、あれ、あの子はたしか……。ともに見送られたはずの顔がちらほら。翌日、出港時刻を見計らっていつもの場所に行った。すでに大人も子どもも船を見上げている。中には、島を案内した人だろうか、知らない顔もあったりして。同じ子の見送りなのに、この前は船の上、今回は陸の上。そういえば、あのときって結構せつなかったなあ、なんて思い出しながら手を振っていると、誰かの大声が響いた。「また帰ってきてね」。次々と声が上がる。「待ってるよ」「しっかり勉強するんだぞ」。その日は、寂しくなかった。彼らはきっと、またやってくる。

新参者の私は、「帰ってきてね」がまだなんとなく言いにくい。でも、ここでもう一度会いたいねの気持ちはひとつだ。来年は言ってみようかな。不思議で温かいお見送り文化、それは、再会を願うための時間だった。

（2015年8月26日掲載）

ふるさとの未来を語ろう

生徒と一緒にバスを降りると、周囲はもう真っ暗。朝日を受けて船に乗ったのに、それから列車に飛行機にバス、丸一日乗り物に揺られていた。迎えてくれたのは、福島の高校生たち。震災から4年、地域での学校生活を再開しようと第一歩を踏み出したばかりの1年生だ。交流研修にやってきた。

島根の子も福島の子も一緒になって農園や仮設住宅を回る。教室に戻って、予定ではこれから振り返りワーク……のはずが、「総選挙やります！」女子高生が元気な声を上げた。運ばれてきたのは、数種類のお菓子。「近くにあるお菓子屋さんの人気商品です。一番おいしいと思ったのに投票してください」。これは○○賞を受賞していて、こっちは若い女性にとっても人気で……応援演説が微笑ましい。そうだよね、頑張ってることや町の魅力だって伝えたいよね。苦しさに歯を食いしばって立ち向かう、そんなイメージばかりをもっていた自分を反省した。高校生はみんなそれぞれのいい笑顔を見せてくれたし、お菓子はどれもおいしかった。

忘れてはいけない出来事は、たしかにある。倒壊した家屋やひしゃげた自動販売機、まだ誰も住めない町。ものがひっそりと語るのは、悲惨な過去と依然として残る震災の爪痕だ。でも、私たちが知らなければいけないことはそれだけじゃなかった。研修で出会った人たちはみんな、たくさんの発信をしてくれていた。

「今も戻れない人がいる。でも、自分たちが里山を守ることが、孫世代にとっての、帰る契機を生むかもしれない」そう語っていた農園主さんは、これからも農業を続けていくという。「支援物資に慣れちゃうのが心配」、とこれは総選挙の彼女が漏らした言葉。「もらうのが当たり前になってたら、いつまでも被災者のままだと思うんです。変わっていかないと」

人だけが語れるふるさとの未来。短い交流研修は、進もうとするエネルギーに満ちていた。「思ってた感じと違ったね」、口々に感想を述べる生徒たち。帰ったら他の子にも伝えなきゃ。私たちも語らないとね。過去のことと、未来のことを。そして一緒に、前へ進もう。

（2015年9月30日掲載）

羽ばたく想像　歌にして

教室がそわそわしてる。隣が気になって覗きこむ子に、宙を見つめて指折る子。教卓から見守っていると、丸刈り頭が立ち上がった。「先生、もう1枚ください」

授業で短歌と俳句を作ることにした。提出用紙のおかわりくんは、作品完成第1号。「才能開花じゃん」「やるなー」。周囲の声にうなずく姿から、それとない得意がにじみ出ている。彼はそれからさらに2回、教卓にやってきた。

作品は入力し、次の授業で「鑑賞文を書いてみよう」。好きな一首で、浮かんだ情景や推察した〝歌人〟の状況を書き起こす。作品集を配布するや、またしてもそわそわ。自分が気に入った〝歌人〟は、隣の彼かもしれないし、後ろの彼女かもしれない。そのあとお待ちかねの合評会。少しずつ歌人が明らかになっていく。

「きっと寮生が帰省の一こまを書いたんだ」と推理してたのに実際は島内生の日常が詠まれた歌だったり、「花火はわいわいするイメージしかなかったけど、この歌のひっそりする感じ、いいね」、と気づかされたり。人も、モノも、新しい側面が見えてくる。

それからしばらくして、「全校俳句大会だって」。中学校から届く公開授業の案内に、同僚が声を上げた。おまけに場所は近くの神社になっている。よし、行ってみよう。

鳥居をくぐって歩くこと数分、石段の先に腰掛ける小さな体操服姿が見えた。「こんにちは」「おつかれさまでーす」人なつっこそうな子どもの声が飛んでくる。中学生たちはそれぞれのファイルに句を書き込んでいた。五七五になっているものもあれば、季語がたくさん並んでいるものも。指折り宙を眺める姿は、高校生と同じだな、と思うとほほえましい。「そろそろ移動しよう」中学校の先生が声を上げた。「学校に戻るんですか」と尋ねれば、「あっちで短冊に清書して、発表するんです」中学校の先生が指さしたのは境内の方。残念、私は時間切れ。そろそろ退散しなくては。

帰り道にいくつかの歌碑を見た。和歌が盛んなのは地域柄みたい。誰かの想像が羽ばたいて、歌になる。それが共鳴して、新しいストーリーを生む。その繰り返しが今も続いている不思議。発表会、どうだったかな。小さな体操服姿が生み出した句も、きっと境内で響き合っているだろう。

（2015年10月28日掲載）

かつての生徒 研修で再会

「ただいまから乗船を開始します」。アナウンスを合図に「よし、乗りましょう。列のまま、素早く」、生徒たちを誘導。すし詰め状態で波に揺られること3時間。降りたらバスが待っている。「あとどのくらいですか」しおりを手に生徒が尋ねる。もうすぐもうすぐ、ほら、あの建物。短期大学が見えてきた。大学企業研修のはじまりだ。

ホールでは大学生たちが勉強したり、おしゃべりしたり。「次は、絵本の図書館です」、読み聞かせ活動をするゼミの見学だと聞いていた。お世話になります、と会釈をするかしないかのうちに、「先生」。一人の学生が駆け寄った。「私、わかりますか」。戸惑っていると笑顔で助け舟。「――ですよ」。前任校でうけもった生徒だ。まずよみがえったのは、日本文化の研究に興味があるんです、とおずおず語る声。でも、目の前の彼女は大人びてなんだか別人みたい。「今日は、よろしくね」不思議な気持ちで声をかけ、さて、ここからは大学生さんたちにおまかせ。「こんにちは、私は――お姉さんです」「私は○○お姉さんです」お話会が再現される。

だんだん思い出がわいてくる。マネージャーを頑張っていた。書道も上手だった。そういえば、ときどき注意したことも……。

帰り際、「会えて嬉しかった。でも、『先生』、なんて呼びかけてくるから、びっくりしちゃった」。お礼ついでに言ってみると、彼女は肩をすくめて笑った。「呼び捨てしたりして、叱られましたよね」

高校に戻るとしおりのチェック。施設や設備への驚きも、注意されちゃったという反省も、そして大学生との交流が楽しかったという声も、字の間からあふれている。

「あんなに気持ちをこめて絵本が読めるなんてすごい」「出会った人はみんな挑戦しようという強い思いをもってるみたいだった」「やりたいことを深く掘り下げて、地域に提供できたら達成感が味わえるんだろうな」ひとあし早く高校時代を駆け抜け、今は次のステージに立っている人たちが、生徒の心に温かい火をともす。

あのお姉さんも、挑戦したり、失敗したり、ときに注意されたりしながら、自分の道を歩んできたんだよ。いまの生徒たちは、ここを駆け抜けて、どんな大人になるんだろうか。


（2015年11月25日掲載）

島の冬、波にとおせんぼ

どうしよう、デジタル表示の海が、オレンジ色。

木枯らしの季節、これまで気にも留めなかった「情報」に一喜一憂するようになった。それは、天気予報の、波高。

東京出張中のこと、隣で校長先生のスマホが鳴った。「……そんなに高い見込みか……。しかし出発を早めると……」。これは、まさか。「波、ですか」。今の勤務校は小さな島にある。波が高いと船は欠航。波高の見方は信号と同じだ。「青」は安全、「黄」は注意。「赤」になったらまず欠航。出張から戻る日は黄、翌日は赤。保護者面談の予定が頭をよぎった。戻った日の夕方1件。遠方から来ている寮生のお母さんだった。急いで電話をかける。もう今頃は島のはず。帰れなくなっちゃう危険性がある。「私、朝一番で島に戻ります。面談を早め、午後の船で帰られてはどうでしょう」

そして迎えた帰島予定日。4時に起きて身支度をし、6時過ぎには空港に着いた。なんとか朝の船に乗れそう、だったのに……。「今日は全便欠航だとや」あきれたような校長先生の声。

肩を落として通話履歴から電話をかけた。「島に戻れなくなっちゃいました」。一呼吸おいて、「お母さんも島から出られ……ませんよね」。困ったけれど、どうしようもない。

船が動いたのは2日後だった。港でお母さんを待って面談をした。「すみません」。波高を見て提案したのに……。「お天気のことですもん。先生こそ、大変で」。しばらく進路や科目のお話をして、「あ、時間が」。お母さんは、都会で家事も仕事も頑張っていると聞いていた。私にも次の仕事が。

慌ただしく別れてから、久々に時計を気にしたな、と思った。波にとおせんぼされている時間は、流れてるような、止まってるような。お母さんも、そんな時間を島で過ごしたのだろうか。

自然には勝てない、と思っていたのが、だんだん、「もう、しょうがないな」と思うようになる。もちつもたれつ。勝ち負けじゃない。そういえば面談場所も、「欠航で、面談が……」。駄目もとで港のビルにお願いすると、快く貸してくださった。島暮らし、不便なこともあるけれど、人の優しさに気づいてく。許せることも増えていく。

とはいえ、波はもっと読めないと。島初心者の私は、冬の訪れにちょっと緊張してたりもする。

（２０１５年12月16日掲載）

大切にしあうために……

見慣れた風景より、掲示物がちょっと低め。書き初めらしき半紙は、やっぱり冬休みの宿題だったのかな。懐かしいような、新鮮なような。「こんにちは」、口をめいっぱい開けて挨拶をする子どもの姿に頬が緩む。近くの小学校におじゃましました。「命の参観日」、と聞いていた。どのクラスでも人権学習をしているという。小学校のころ、何をやったっけ。なかなか記憶をたどれない。

一番小さい子どもたちのクラスをのぞくと、黒板には人の絵が貼ってある。身体の部位の名前と、そのはたらきを挙げてるみたい。手も足も目も口も、よくはたらくなあ、毎日ありがとう。それに気づいた子どもたちは、「好き嫌いをしない」「歯磨きをきちんとします」「毎日運動」、身体のために頑張りたいことを考えている。そうか、自分を大切にすることを学んでいるんだ。

どの教室も発見があって面白い。高学年クラスの教材は、大津波が迫るなか、最後まで防災放送をし続けた女性のエピソードだった。どんな気持ちだったんだろう。子どもたちは一生懸命考える。「怖い気持ちもあるけど、たくさんの人に助かってほしいと必死だったと思います」、「自分は死んでもいいから、町の人を助けたいと考えていたと思います」。おうちの方と一緒に子どもたちを見守る。自己犠牲のことが話題に上がるたび、せつなくなる。

「次に、考えてほしいのは、ご家族のこと。どんな気持ちだったんだろうか」。先生からの問いかけに、クラスの空気が、一瞬、しんとした。一人のお母さんがしんみりとうなずく姿が目の端に映った。子どもたちはすぐに気付く。手を挙げる。「生きていてほしかった」。見ていて胸が熱くなる。

どのクラスでも、おうちの方の温かいまなざしが注がれていた。その中で子どもたちは、「人」の豊かさ、大切さに近づいていった。

小さな声にじっくり耳を傾けるお母さん。小さな椅子にどっかと座って話し合いに加わるお父さん。低学年なら、権利という言葉をまだ知らないかもしれない。でも、大切にすることを知っている。大切にされていることに気付いていく。一生懸命挙げられた小さな手と、それを見つめるまなざしが、教材だった。大切にしあうために、私たちは出会って、学ぶんだ。

（２０１６年1月27日掲載）

いつもと違う顔に会う

たしかここで曲がって、しばらくは一本道……だったはず。ゆっくりハンドルを切れば、細い道路が延びている。後続車、なし。対向車もなし。車がすれ違うには苦しい道幅をのろのろ進む。

授業を見るのが好きだ。あれこれ顔を出すうちに、「今度の祝日、参観日なのよ」。情報が集まるようになった。今度は遠い方の小学校にも行ってみよう、と出かけたはいいけど、なんとも道がおぼつかない。

しばらくして左右の家屋が途切れ、今度は畑にはさまれた。見通しが良くなった先で見おぼえのあるジャンパーが自転車をこいでいる。うちの野球部だ。助かった。「ねえ、小学校ってこの道？まだ先だっけ?」。窓越しに声をかけると、「今から行くんですか、先導します」。え、と思う間もなく、自転車が車の前に躍り出た。それは隣のクラスの子。彼はときおり振り返り、こちらの様子を確認しながら、ぐんぐん進む。ジャンパーが大きくはためいている。外は強風だ。申し訳なさが募る一方で、力強さに安心する。

前を行く頭がぐん、と遠ざかった。ちらりと振り返って、大きく左に曲がる。そうそう、この交差点だった。あとについてゆっくり回ると、自転車が待っていた。すぐそこに、目指す校舎。「本当にありがとう。参観日だったの」。「そうなんですか」。彼は一瞬目を丸くすると、「じゃあこれで」そのまま踵を返す。背中にあわててありがとう、もういちど声をかけた。

その日は2分の1成人式。後ろの席には、たくさんのお父さんお母さん。10歳を迎えた4年生たちは、将来の夢を一生懸命語っていた。やっぱり異校種見学は勉強になるし面白い。高校にはない時間があって、高校とは異なる表情の子どもたちがいる。教室に入る時、近くのお母さん同士が「蝶ネクタイつけてる」、と笑いを含んだ小さなやりとりをしていた。紙で作ったリボンやネクタイでおめかしをして、少し緊張した面持ちの子に、照れ笑いを浮かべる子。きっとおうちの人にとっても、学校で見せる顔は、どこか新鮮なんだろう。

黒いジャンパーを思い出す。得意と優しさがにじみ出たようなあの背中、いい表情してたな。部活帰りだと言っていた。このへんは彼のテリトリーなんだろう。あれも普段とは違う顔。高校を飛び出して出会えたのは、たくさんの成長と豊かな表情だった。

（２０１６年2月24日掲載）

「身近な偉人」にありがとう

慌ただしく出てきちゃった。あれもこれも電話で申し送りしないと。少し長い出張で、副担任の先生にクラスをお願いしたことがあった。

体調不良者は特になし、不在中に締め切りが来る提出物は……。あとは日直。あ、しまった。「学級日誌のノートがもうすぐ終わりそうなんですが、補充していただけませんか。あと、ちょうど日直が1周するので……」。日誌は出席番号順でつける。私のクラスでは一日の感想を書く欄に、1周ごとの「お題」を出していた。一年の抱負、なんてちょっと堅めのときもあれば、もし100万円あったら、というゆるい周もある。出張前に準備を忘れていた。でも、次が今年度最後。「先生、良かったら、『お題』をお願いできませんか」

帰ってきたら、職員室の机上に紙の補充された学級日誌。気になるお題は「私の身近な偉人」となっていた。ゲームで高いスコアを出す友人や、勉強をわかりやすく教えてくれるクラスメート、何分でも水中にもぐっていられる漁師のお父さん。生徒が頼りにしている人たちが次々とノートの上に立ち現われる。目の前の生徒だけでなく、それを取り囲む豊かな絆と世界が見えてくる。「先生、すごくいいですね、このお題」嬉しくなって副担任の先生にお礼を言うと、周囲の先生方の視線と不思議な笑いに気がついた。周りから「いいお題ですよね」の声が飛んでくる。続けて副担任の先生が、「とっても悩んで、職員室で相談したんだ」

3学期は飛ぶように過ぎ去る。卒業式、終業式、離任式。なんども港へ行って、島から旅立つ生徒や同僚を見送ってきた。頼れる副担任も今年度で異動。最後のＬＨＲでは、生徒たちにお話をしてもらった。大切なお話のときにはいつも、「みんなのことが大好きです」と切り出す先生。職員室で、教室で、先生が温かい絆を大切にしているからこそ、あのお題が生まれたんだろう。分かりやすい授業で、いつも前向きな言葉をかけてくれる先生の名前は、学級日誌にも記されていた。

まもなく出航の日。寂しいし、不安もあるけれど……。胸を張って身近な偉人を見送りにいこう。

（２０１６年3月30日掲載）

遠足の朝　止まったフェリー

外が明るくなる。そろそろ起きないと。反動をつけて身体を起こし、身支度を始める。ジャージに帽子に、タオルと水筒。あれ、町内放送のチャイムが聞こえたような。ちょっと嫌な予感、でも、まさかね。

少し早めに学校へ行くと、職員室に不穏な空気。これは、やっぱり……「内航フェリー、止まるって」

高校は小さな島に位置している。島同士を行き来する内航船は時化《しけ》ると運航停止。その日は、遠足だった。

生徒と一緒に「2年生」になった。去年は高校の近くを歩いたが、上級生は船で他の島に渡る。3年生は予定通り早朝の船で出発済み、1年生は船に乗らない。2年生だけが取り残された。

職員室をのぞく生徒たちは口々に「先生、船が……」。「びっくりしたね、でも大丈夫。心配しないで、予定通り集合場所でね」。電話している学年主任を横目に答える。しばらくして職員室に主任の声が響いた。「タテブネ、取れました」。定期運航の内航船が陸地でいうループバスだとすると、たて船はタクシーにあたる。一度に全員は乗れないけれど、ピストンでなんとか目指す島へ。

着いたら班分けの発表と、目的地決めのくじ引き。ハードなコースにどよめく班も。おまけに時間は当初の予定より短い。ほら、おなかが減る前に頑張って歩こう、海水浴場や山頂で食べるお弁当はきっとおいしいよ。

2時間ほど歩くと海が見えた。生徒たちは砂浜に絵を描いたり、泳いだり。それから各班の「指令」に従って動き出す。「3か所で牛を撮る、だって。まだ1頭しか出会えてない」「お松の碑ってあの鳥居あたりかな」。中には島在住教職員の協力があって「司書さんの愛犬ってどこ。写真撮らせてくれるかな」。それぞれに写真を撮ったら、また船着き場を目指す。戻ったころにはすでに数班が集まっていた。

帰りの船では、みんなとろとろ眠っていた。アクシデントには見舞われたし、疲れも心配してたけど、翌日の学級日誌には「とっても楽しかった」の文字が躍った。

撮った写真はカレンダーに仕立てるんだそう。自然の強さ、大きさを知っている生徒たちは、自然の楽しみ方も知っている。みんなで協力して見つけた景色は、どんな作品になるのだろうか。

（2016年4月27日掲載）

わが子の成長を見守って

今月は土曜日の出校日がある。中間試験2日目だ。お昼過ぎには生徒の姿もまばら。教室をのぞくと、勉強してる生徒が顔を上げる。「もう、帰らないとだめですか」。困ったように言われて、なんだか申し訳ないけれど、「まもなくお父さんお母さんが来られる予定だから、ね」

午後からはPTA総会。そのあとは学級懇談が待っている。

総会会場から教室に移動し、保護者の方と座る。さてと、「ご家庭での様子とか、いかがですか」、投げかけたはいいけど……。「最近ね、わからないんですよ。LINE《ライン》だってこっちからあまり送ってもね」、「時代が違いすぎて、進路なんて何を言ったら」。妙な緊張がただよっている。ぽつり、とだれかが話すと、みんながうーんとうなずいて、下を向く。困った、と焦れば、さらに緊張する。ぎごちなくなる。どうしよう。

転機は思わぬ時にやってきた。「オープンキャンパス、心配で。地下鉄なんて乗ったことないのよ」。あるお母さんの言葉に、たまたま様子を見に来た先生が一言。「なんの、船乗り継ぐってのも、なかなかすごいですから。初めのうちは、ぼく、降り立った港が合ってるかが心配で」。そうかね、すごいかね。保護者さんたちが目を細くした。場の空気が、変わった。

「あの子ったら、最近うちだと機嫌悪くって」と、一人のお母さんが口を尖らせる。意外、学校ではにこにこして、委員会にも立候補してたのに。今度は別の方から「この前うちの子、内緒で早起きして、お弁当作ってたんです」、その彼女は部活動で悩んで涙を見せていた。

できるように見えること、できないように見えること。学校と家でそれぞれに抱える不安と、そこでしか見えない一面。話が盛り上がると、これまでとは違った生徒の姿が、浮かび上がってくる。

そういえば、懇談会前にはお父さんもお母さんも、教室後ろのクラス写真に見入っていた。高校生は、大人になりつつある。家庭で過ごす時間も短くなっているし、それでつかみどころがなくなってきたと思ってしまうときがあるのかもしれない。でも、その不安って、小さい頃から寄り添ってきた大切な証みたい。

「いやあ、最初はどうなることかと思いましたが、また集まりたいですね」帰りがけに一人のお父さんが笑った。私も緊張したし、不安でした。でも、楽しかったです。

もう高校生だし、と、まだ高校生だし、の間で心配そうな顔を見せるお父さんお母さんからは、わが子を見守り続けてきた温かい愛情があふれていた。

（２０１６年5月25日掲載）

高校チーム、地域で勝負！

ある日曜日の朝、中学校のグラウンドに降り立った。いくつかのテントが立てられ、ジャージ姿の人がたくさん。地区対抗・町内ソフトボール大会だ。

例年、地区とは別に高校チームも出場しているという。みんなはどこにいるのかな。きょろきょろしていると、生徒に行き会った。「あっちですよ」、指さされた先で、野球部員と先生がキャッチボールをしている。

案内してくれた子は、別の地区のポロシャツ姿。寮生なのに、地区からヘッドハントされた模様。「今日は敵同士だね」と言うと、はにかむように笑って、自分のチームへと駆けていく。

「おはようございます」、高校チームにいる生徒の顔を見回す。野球部メンバーにマネージャーの女子生徒、応援に来た生徒もいる。有志参加の地区行事。地域の人も生徒も教員も、入り交じっているのがおもしろい。

開会式が終わり、あっという間に1回戦。お弁当の手配で最初を見逃した。外野で小柄な子が活躍している。誰だろう。野球部の顔ぶれを思い出しつつしばらく観察して気がついた。マネージャーだ。素人目にもめっぽううまい。経験者だったんだ。

今年の高校チームは快調だった。先生も頑張ってるけど、やっぱり生徒の活躍がすごい。ファインプレーのたびに、「いいぞ、○○」、生徒も教員も喝采を送る。だんだんと一つになってきた高校チームは、何度か危うい局面をくぐりぬけ、決勝戦に進出した。

こっちのピッチャーは新任の先生。投げ続けてちょっと疲れが見える。相手のピッチャーは、結構年季が入ったご様子。あれ、もしかして……。

結果は惜しくも準優勝。優勝を勝ち取った相手チームの投手でありリーダーは、隣の小学校の校長先生だった。

集合写真を撮って、慰労しあう。精一杯やったチームメイトは、みんないい顔をしていた。優勝を逃して一番悔しがっていたのは、マネージャーの彼女だったりして。「勝てたのに」とくり返す姿が頼もしい。そのガッツで毎日野球部を支えてるんだね。

学校から飛び出し、チームとして試合をする。最初は不思議に思えたけど、地域の人、生徒、そして教員、みんな生き生きと立ち回っていた。期間限定の野球チーム。その中で見せるそれぞれの姿。いつもと違う姿を応援しあったソフトボール大会は、いろいろな顔のメンバーをたしかに「チーム」の一員に変えていった。

（２０１６年６月29日掲載）

港で囲む家族の食卓

いつもより早く仕事を切り上げ、船着き場へ急ぐ。受付とおぼしき机を見ると座っていたのは私のクラスの女の子。「こんにちは、こちらで名札を作ってください」。終業式の前夜、船着き場でバーベキュー（ＢＢＱ）が催された。すでにたくさんの人が集まっている。生徒が声を張り上げる。「今から開催したいと思います」。温かい拍手が沸き上がった。

数週間前のある朝を思い出す。舎監明けの先生が生徒部デスクで話している声。「最終点呼のあとに〇〇が寮生全員に呼びかけて、島親さんに電話させようとしてて……」

全身が耳になる。担任している生徒の名前だ。子どもたちだけで、大人を招いたＢＢＱ企画を立てようとしたという。離島で寮生活を送る県外の生徒たちには入学時に新しい家族ができる。それが島親さん。地域の方にお願いをし、寮生を一人、島での家族として迎え入れてもらう。週末には遊びに行ったり、参観日には来ていただいたり。そのお礼をしたかったようだけど、電話をするには遅すぎる時間。火器を扱う企画でもあるし、生徒だけで大丈夫かな。しばらくは、生徒部長や寮務主任と、話題に挙がった彼とが話す姿が職員室で見られた。事情を聴かれ、ときどき注意。

どうなることやらと思っていたけれど、数日後「先生、ＢＢＱ来てくれますか」。生徒が声をかけてきた。あの企画、実現したんだ。寮務主任からも教職員に呼びかけがあった。「寮生主催でＢＢＱを開きたいと思います。ぜひご参加ください」。終礼後、寮生全員が準備にあたるという。

ＢＢＱは大盛況だった。最初のうちこそ「どうぞ座ってください」「食べてください」の譲り合いが続いていたが、だんだんと地域の人も寮生も教員も関係なく、交互に火を見て食材を運ぶようになる。みんなで食事を囲むのはやっぱり楽しい。終盤には留学生お手製の異国料理や寮生が育てた野菜も出てきた。並んだ料理を透かして見えるのは、普段とは違う生徒の顔や生徒を育んでくださる地域の方の顔。

帰途に就こうとしたら寮務主任が「来てくれてありがとう」。こちらこそありがとうございます。コーディネート、お疲れさまでした。そういえば率先して火おこしをしていたのは生徒部長だった。電話事件から半月、もめごとや心配事もたくさんあったけど、最後にできたのは一つの食卓。だれもが家族の顔をしていた。

（2016年7月27日掲載）

思いを言葉に、生徒会長選

学園祭が終わった。3年生を中心とする生徒会執行部も、前期の一大イベントを終えて、まもなく世代交代。

「○○が立候補したって、聞いてる?」職員室に入るや、学年主任が呼び止める。初耳だった。公示の日、生徒会長に名乗りを上げた生徒は、私のクラスの子。

さらに翌日、「□□も立候補したって」。会長選は、同じクラスの二人が一騎打ち、という展開に。タイプは全く違うけど、どちらも一生懸命な人気者。両方頑張ってほしい。でも、会長になれるのは一人だけ。当たり前のことを今更のように考えて、なんだかやきもき。

選挙前日は、台風で休校になった。諸連絡のため候補者に電話をかける。「準備は順調かな。思いがしっかり伝わるようにね。健闘を、祈る」、一息ついて、もう一度同じ電話。生徒が違えば全く同じになんてできっこないのに、そうしようと努めている自分がいる。両方を応援するって、むずかしい。

そして選挙当日。それぞれが言葉を尽くして話す。不器用だけど、雄弁だった。

選挙があれば、当落も決まる。次の日には結果発表。生徒たちだって覚悟のうえで手を挙げたはず。そうは思っても、気持ちは自然と落選側に注がれる。終礼では、候補者二人の挑戦にみんなで拍手。そのあと、心配していた方の子に声をかけて、選挙の振り返りをした。

この挑戦、どうだった? そう尋ねると、たった一言「すっきりしてます」

すべて語りきったかのような彼に、聞かずにはいられない、「どんなところが」。それからしばらくは、間があった。「自分が、学校をこんな風にしたいんだって、いろいろ思ってることがわかったし、それを、みんなの前で言えたし」。少しずつ、言葉になる。彼は多くしゃべる方ではない。ゆっくりと言葉を選ぶ。あの演説も、ずいぶん考えたことだろう。始まる前から結果ばかりに意識がいっていた自分を反省。思いを見つめ、言葉に起こして、周囲に語る。その過程が彼らを大きく成長させていた。来期も立候補してみたいと語る彼は、そのために今からできること、やってみたいことまで穏やかに話してから帰っていった。

そうだ、新生徒会長にも聞いてみないと。この挑戦、どうだった？　きっと彼が言葉を探り当てるまでには、また別のストーリーと成長があったことだろう。

（２０１６年９月28日掲載）

離島の一日写真屋さん

スポーツの秋、「はい、乗船券配るよ」。部員と一緒に、朝一番の船で隣の島に向かった。マラソン大会のお手伝いだ。大会本部でミーティングののち、「展望台チームはあの車に乗ってね。じゃあ、またあとで。頑張ろう」、山に向かう部員数名と他の顧問を見送って、私たちは船着き場へ。連携して参加者に届けたいものがあった。

ボランティアのお話をいただいたのは数カ月前。「ぜひやらせてください」。誘導、給水、荷物置き場、それとも参加者へのふるまいだろうか、なんて思っていたら、「今回からの新企画に、協力いただきたいんですよ」

聞けば、コースの折り返し地点、山頂の展望台付近で参加者の写真を撮り、帰りに船着き場でプレゼント、という企画らしい。「写真ですか、ここで」と驚くと、「そこがおもしろいでしょ。Ｗｉ－Ｆｉでデータを飛ばして、船着き場でプリントするんです」

私たちの島には写真屋さんがない。三島ある中の一つの島に、かろうじて証明写真機が一台あるだけ。高校生による一日写真屋さん。たしかにこれは、おもしろい。

受け渡し場所のセッティングを終え、台紙を折っていると携帯が鳴った。「今送りました、どうですか」、展望台チームからの連絡に画面を開けば、「届いてる、すごいすごい」。次々に浮かび上がる写真を、印刷し、台紙にはさみ、ゼッケン番号を書く。50枚を数えるころには、「両手を挙げて写る人が多いね」、「ゴールのイメージなのかな」、作業にも余裕が出てきて、ちょっとした気づきが楽しい。

閉会式が終わると、ランナーたちが船着き場に現れた。「わあー絶景、嬉しい」、友達と喜びあう女性ランナーに、「かっこいいでしょ俺」、家族に写真を見せびらかすお父さんランナー。初めての試みということもあって、みんな一瞬驚いてから、大きな笑みをもらす。

終盤には展望台チームも下山・合流。続々と増える来訪者に写真を手渡す。さっき撮った写真がランナーを笑顔にする。ちょっとお疲れの展望台チームも、つられてすぐに笑顔になった。

「去年、展望台で撮影する参加者さんが多かったから、そこから考えて……」担当の方が語っていた。それは、「サービス誕生」の瞬間だった。島にはないものだってある。だからこそ、あるものを活用して、笑顔を生み出そうとする人がいる。一日写真屋さんの高校生たちは、大自然を背景に破顔するランナーの姿を、心にもしっかり焼き付けたことだろう。

（２０１６年10月26日掲載）

海越えて　島同士のふれあい

島の港は朝からざわざわ。「よし、乗船。入ったら協力して荷物をまとめて」。ある生徒が聞いてきた。「パスポートって見せるんですか」。目が点になる。一呼吸置いて、「まだいいよ。大事にしまっといて」。一年ぶりの学年研修旅行、2年生の行き先はシンガポールだ。

一日かけて移動をし、チャンギ国際空港に降り立った。「都会だね」、生徒と頭《こうべ》を巡らせば、高層ビルに切り取られた空。同じ「島」同士なのに、町も空も大きく違う。のどかな田舎の小さな島と、開発を重ねる大きな島。「同じ」と「違い」がおもしろい。

研修は、企業訪問、大学での交流にプレゼンテーション、そしてホームステイと盛りだくさん。大学研修では、2大学に分かれた。プレゼンする内容は「自分の島の課題解決」。生徒たちがグループで調べた課題と、解決策を考案・実践・検証した経緯についてだ。プレゼンに対し、英語の質問が飛び交う「どれだけ売り上げたら成功と言えるの？」「ゴールと持続性あってのプロジェクトだよ」。大学生たちは温かく、熱心だった。生徒たちも真剣なまなざし。でも、ときには「おーけー、せんきゅー。あれ、もしかして質問かな。クエスチョンですか」なんてことも。教員は冷や汗をかく。

合流後、他大学での様子を尋ねると、「おもしろかったよ。みんな踊り出してね」。はて、プレゼンなのに踊り出すとはいかに。疑問符を浮かべて話を聞く。ある海藻と調理法について、知名度を上げようと地域行事「どっさり祭」で試食会を開いたグループがあった。「『どっさり』ってなんだ、って質問が出て」

「どっさり」は島の民謡だ。「○○ちゃんが『踊ってみせよう』って、呼びかけたら……」。写真を見せてもらうと、みんな笑顔。島で生きる子のつながり、そして、国境を越えた盛り上がりがそこにはあった。

旅行は駆け足で過ぎ去った。切り替えの日、何を話そう。考えながら朝礼に行くと、黒板いっぱいに「お　か　え　り」の文字。一週間ぶりに目が点になった。出発の港で、「教室の掃除でもしながら、留守番してます」副担任くんの、にやりとした笑みが頭をよぎる。「誰が書いたと思う？」投げかけると、生徒たちも心得顔。「教室もきれいになってるね。お礼と報告をしにいこうね」。彼らは、海を越えて見つけたものたちを、どんな言葉で伝えることだろう。

（２０１６年11月30日掲載）

寮生からのサプライズ

久しぶりの舎監。そろそろ夕食でも、と腰を上げかけたそのとき、「コンコン、失礼します」。入り口を見ると大きな箱がしゃべっている。小柄な寮長が、一生懸命段ボール箱を運んでいた。一呼吸置いて、その日の職員朝礼を思い出す。

寮務主任の先生が手を挙げて「寮生からのメッセージがあります」

「お世話になっている先生方へ、」から始まるメッセージ、寮生が地域行事で取り組んでいる屋台の売上がまとまった額になったこと、そして……。「舎監室に、新しい座椅子をプレゼントします」。職員室に戸惑うような笑いが漏れる。募金や生徒用の備品に化けると思っていたのに。朝礼は、拍手で締めくくられた。

忘れていたから、かえって嬉しい。一番乗りだ。期待を込めて見つめていると……。箱から引っ張り出された中身は、なんか、へん。お豆腐のような、サイコロ状の大きなクッション。どう座ればいいんだろう。

「これって……」、尋ねようとすると、「舎監を窮屈に感じる先生もいるかもしれないし、ここでくつろげるように」。聞きたいの、そこじゃないんだけどな。でもお豆腐クッションはすまし顔だし、寮長は身をうずめるようにして、「生徒も、ここでふわーって」。それから、しまった、とばかりに首をすくめた。「だけどそれは後回し。生徒が来るの、嬉しい先生も、そうでない先生もいるし。まずは先生が座ってください」

夜の点呼が終わって、連絡の時間。「教職員一同、心から喜んでいました。ありがとう、すてきな座椅子を……」。そこまで言って「お豆腐くん」が頭をよぎった。「みんなは、見た？　イメージと違ってふかふかなの。よかったら座りに……」。言いながら、苦笑する。もらっておいて「座りにおいで」も、なんか、へん。でも、見回せば、朝と同じような笑いが満ちていた。

集団のルールと「私」の時間が混ざり合っている寮生活。寮生たちは他の人の時間を大切にすることを知っている。その夜、舎監室を訪れたのは3人、代わる代わる座って、そそくさと帰っていった。生徒たちが自室に戻ると、私は一人で読書。寮生たちが守ろうとしてくれた時間。結局古ぼけた座椅子の方に落ち着いている私だけど……。

それぞれの大切な時間を見守るために、ここに派遣された「お豆腐くん」。彼はこれからどんな時間を眺めることだろう。

（２０１６年12月21日掲載）

帰国の友へ、夜の卒業式

ある日の職員朝礼で、「生徒からの連絡です」。職員室の引き戸が開けられ、一人の女子生徒が入ってきた。見れば私のクラスの子。ずいぶんと萎縮している様子に、はらはらしていると、「失礼します、おはようございます」、大きな挨拶がとびだした。「○○のお別れ会を企画しています。先生方にも来ていただけたらと、このお時間をいただきました」

マレーシアから、留学に来た女子生徒がいる。2年生に在籍をし、寮生活を送りながら、ともに学んだ大切な仲間だ。帰国の日が迫っていた。

日時は2週間後の日曜日の夜。場所は体育館。職員朝礼に乗り込んだのは、クラスでも部活動でも、ちょっと自信なさげにしゃべる子だった。紅潮しているのは寒さのせいだけではなさそう。元気のいい挨拶は、自分の背中を押すためだったのだろう。

「えっと、それで」、彼女はさらに声を張り上げた。「お越しいただける先生方、服装はスーツでお願いします」

教員の服装は様々だ。白衣が定番の先生、ジャージ以外見たことがない先生に、年から年じゅう半袖短パンの先生だっている。教職員がスーツで勢揃いする日なんて、指折り数えるほどしかない。『『卒業式』にしたいんです。内容は、証書授与と思い出ムービーの上映、それから、○○に挨拶をしてもらおうと思います」

夜のサプライズ卒業式、それってなんだかおもしろそう。

「それで、えっと」、生徒が職員室でまっすぐ顔を上げる。「証書授与は校長先生にお願いしたいんですけど……、だから、校長先生にはお越しいただけると嬉しいです」

きっと下話なんてしてないのだろう。校長先生も苦笑い。「はい、わかりました」。と答える姿に、職員室中に笑いがあふれた。担任の私は一人で冷や汗。

それからというもの、彼女たちは張り切っている。1年生の終礼に乗り込んだり、あれやこれやと準備をしたり。これからまだまだトライして、それからエラーもするだろう。でも、きっと大丈夫。仲間のために走る姿は、応援者を引き寄せる力がある。どんな卒業式になることやら、ハンガーのスーツに問いかけた。もうすぐ、きみの出番らしいよ。

（2017年1月25日掲載）

カプチーノ、成長の味

この季節、職員室中央のストーブは教職員団らんの場。休憩時間や放課後になると、集っては、ほっと一息。

ある日、ストーブ横の机にケーキが出現しているのに気がついた。これは、きっと。隣のクラスの担任に聞いてみる、「彼、頑張ってましたか？」

1学年2クラスの勤務校。私が担任するクラスは特別進学コース、隣のクラスは地域創造コース。隣の生徒たちは、インターンシップに出かけていた。そのケーキは、学校近くのカフェレストランのもの。去年担任をしていた男子生徒が、就業体験をしている。

1年前の保護者面談を思い出す。おばあちゃんがやってきて、「私が外出する前に、『グラタンのレシピ書いてってよ』って」、目を細める姿が印象的だった。

このあと覗いてみようかと算段をしていたら、「行くんなら、カプチーノで」。隣のクラスの担任が、いたずらっ子の目をして言った。「昨日俺が行ったとき、あいつ、泡をあふれさせたんですよ」

ドアを抜けて店内を見回す。カウンターのレジ越しに、カフェエプロンをした彼の姿。「え、先生、来たんですか」。〝小さな店員さん〟は照れ笑いを浮かべながらオーダーを取りに来た。「お勧めは、コーヒーと紅茶です」。先手を打ってくるのがおもしろい。優しい同僚は、「じゃあ、私は紅茶」。いじわるな〝元担任〟は、「カプチーノください」。さて、どんなものが出てくることやら。

待っている間に同僚と話すのは、1年の時のエピソード。グラタンの話や、そういえば、自作のお弁当が友達に大好評で、本人は学校販売のパンを買い足していた、なんてこともあった。「調理師になって、この島に西洋料理と和食を融合したお店を作りたいんだって」、同僚からの新情報に、こっちが目を丸くしてみたり。

「はい、先生」。出されたカップには、予想に反して細かい泡がふんわりと乗っている。自然に口をついて出た「美味しそう」に、彼は「はい」と笑ってカウンターの中へ戻っていった。一日でちゃんと成長している。カプチーノは口当たりが柔らかく、優しい味をしていた。

ストーブ周りに戻って報告。「今日はカプチーノ、大成功でしたよ」。自分のことのように誇らしい。去年、〝得意〟だったことが、今は将来像に結びついている。そこに向かって走る背中は日々大きくなっていく。5日間のインターンシップで、彼のまぶたの裏には、さらに輪郭をはっきりとさせた将来像が浮かび上がったことだろう。

（2017年2月22日掲載）

出会いと別れ　港の春

「じゃあ、撮るよ」、と声をかけられ、録画ボタンが押される音。隣の同僚と呼吸をあわせ、せーの、で「○○高校のみなさん、こんにちは」。こわばってないかを気にしつつ、カメラに向かって笑顔を向けた。

学年末試験が終わり、卒業式、成績処理に通知表所見、いつもこの時期は慌ただしい。そんな中、「ちょっとお願いがあって」、その話は舞い込んできた。『待ってるよ』っていうメッセージ動画がほしいんだって」。他校から仰せつかったミッション、今度うちの学校に赴任する先生の、送別会でのサプライズらしい。

自分が映るのは気恥ずかしいけど、企画としてはおもしろそう。なんといっても離島の学校だ、異動でやってくる先生方には、いろいろ不安もあるだろう。カメラ相手に「島には信号がありません」「いや、1個ありますよ、ほら、本屋さんの前」「牛が道を横切ると、ごくまれに渋滞が起こります」。下手な漫才みたいになっちゃった。でも伝えたかったのは、のどかで愛すべき島の風景だ。

撮影後、思い出したのは赴任した2年前。言葉を選びながら「遠いところ」への異動をほのめかす当時の校長先生に、「海を渡る異動ですか」と尋ねたこと。島の生活はわからないことだらけで、周りの先生を質問攻めにしたこと。たくさんの人に心配されながらスタートした新生活だった。たくさんの人に支えられながら、少しずつ、島の一員になっていった。

やっぱり3月は慌ただしい。5日後、朝の港へ向かった。カメラを回しながら笑っていた先生も、今春で異動。お見送りに集まった生徒たちと紙テープを準備する。「ばっしー、頑張れよ」、フェリーから声が飛んできた。大学を出たての初任校でお世話になり、一緒に勤めるのは2度目だった。島生活のスタートを支えてくれた顔ぶれを見送る寂しさがこみ上げる。「ありがとうございました」「お元気で」口々に叫ぶ生徒と一緒に「がんばります」と声を張り上げた。

海を渡る不安があって、支えてくれる人がいて、次第にチームや家族の顔になっていく。それが島の学校なのかもしれない。今は寂しくても、また、新しいメンバーがやってくる。この春は、どんな顔ぶれが海を渡ってくるのだろうか。

（2017年3月29日掲載）

歩こう会で見つけたものは

「3年が一番つまらないって」、生徒の言葉に苦笑する。始まる前からそんなこと言ってたら、楽しいものもつまらなくなっちゃうよ。そう言いながらも少し考える。たしかに一本道だし、時間も限られている。大急ぎで歩かないと間に合わない。まもなくやってくる学校行事は、まるでこれからの1年間みたい。

生徒と一緒に3年生になった。4月最初の学校行事は、歩こう会という名の遠足。3年生のメインイベントは、隣の島の港から観光船での沿岸部巡りだ。全日程の中心に設定されているため、時間厳守でほぼ同じ道を歩かないと乗り遅れてしまう。

さてこのタイトな時間の中、今年はどんな企画にしようか。学年会で出た案は、「班対抗フォトコンテスト」。同じルートだからこそ着眼点が光る、というわけだ。でも、一枚の写真を「チームの作品」にするには……。しばらく悩んで、「ここで一句」と一人の先生が口にした。それ、おもしろそう。短歌なら鑑賞も創作も授業の中でやっている。写真に合わせて短歌を詠んで、相互評価。優秀作品を表彰しましょう。

そして迎えた歩こう会。生徒たちはカメラを空に向けたり地に向けたり。駆け足の一日だったけれど、楽しんでいた。プレゼンテーションソフトで写真に短歌を添え、発表の準備は完了。

3日後の終礼で作品発表と投票が行われた。緑と青にあふれた風景や、生徒たちが笑い合う姿、それに……。

鳥居を越えるように映り込んでいるのっぽのバレー部顧問。「私がしゃがんで撮ったんです」と、クラス一小柄な女の子が得意そうに笑う。彼女じゃないと撮れない一枚、がおもしろい。教職員まで誘ってみんなでジャンプした一枚や、カニを釣っている地域の「おっちゃん」までいる。

びっくりするほど映り込んでいる大人の姿。1年次には地域を楽しむことに全力だった彼らが、2年の歳月を経て、地域を楽しむ大人にまなざしを注いでいる。そこには地域の一員となりつつある彼らの成長があった。

「回り道こそ　歩こう会さ」、ある生徒が詠んでいた。「僕たちの班、コースを外れちゃったりしたんですけど、そこにもおもしろさがあるのかなって」と照れ笑いを浮かべながらの紹介。一本道に見えるようで、たくさんの細い脇道がある。様々な人やものと出会いながらみんな大きくなっていく。それこそが、学校生活の縮図だった。これからの1年も、大きな実りをもたらしますように。

高校生活最後の1年が、動きはじめた。

（2017年4月26日掲載）

生徒の思い　はがきに込めて

「メッセージが届いています」。配布物がある朝終礼では、「誰からでしょう」、いつも生徒に投げかける。「保健の先生だよ、健康診断前だもん」、「進路だより」、「校長先生だ」教室を憶測が飛び交う。

でも、その日は、なかなか当たらない。それもそのはず。届いたのは、一葉のはがき。「3年2組の皆さんへ」と読み始めると、「わかった、○○先生」

それは、異動した「もと副担」くんからの挨拶状だった。余白に手書きで、「個性豊かすぎるみんなと過ごせて楽しかった」「お返しはまだ間に合いますよ」。お菓子作りが得意で、バレンタインには腕を振るってくれたっけ。ユーモアに満ちた文面が、昨年度の思い出を呼び起こす。クラスが温かいどよめきに包まれた。

それからというもの、「はい、メッセージ、誰でしょう」と振れば、合い言葉のように「○○先生」。いやいや、挨拶状は1回きりでしょ。はいはい、配りますよ。軽くあしらっているうちに、「先生もはがきを隣に貼ってください」と、一人の生徒が掲示板を指さした。その先には、くだんの挨拶状。ちょっと考えて、あ、そうか。その日の放課後、クローバーが描かれたポストカードを用意した。みんなで〝お返事〟を書こう。

翌日の朝礼でアナウンス、「1週間後に、投函ね」。ちゃんと埋まるか、ちょっと心配。でもここは、我慢我慢。

掃除の時間に視線を向けると、カードには丸っこく飾られた文字が並んでいた。〝○○先生へ〟そしてなんだかかわいい似顔絵。ほっと胸をなで下ろす。書き込みは毎日少しずつ増えていった。〝ようやく進路が見えてきました〟、〝またお菓子お願いします〟。他の子への配慮か、みんな、小さな文字で書く。いつしか掲示板には本物のクローバーまで貼ってあった。〝今度会うときには△△山、自力で登れるように体力つけます〟と書いた子は遠足でへばっちゃったところを引っ張ってもらってたっけ。メッセージは、表面にも及んで、「出来ました。宛名と先生もメッセージを」、生徒が持ってきたときには、わずかな余白を残すのみ。〝相変わらずのこのクラスです〟、生徒と同じように目を細めながら小さく書き添えた。

〝あのころ〟の思い出と、〝いま〟の姿、たくさんの声とシルエットが、一枚のカードに折り重なっている。もと副担くん、元気かな。届いたら、どんな顔をするだろう。小さな文字たちをすかして、島の様子が見えるだろうか。

（2017年5月31日掲載）

学びを拓いた生徒の熱意

「じゃあ、はじめよう」、進行が投げかけるや、一人の生徒が手を挙げた。「当事者意識ってどうすれば身につくと思いますか」。続けて手が挙がる。「恋と愛について」、「本当の友達って何だろうってずっと考えてるんです」

進路講演会には、様々な道のエキスパートがやってくる。今週は哲学の先生。翌朝には有志の座談会が開催された。

生徒たちが思い思いに話す。自然と話は日常生活へ向いていく。「スリッパを揃える人と脱ぎ散らかす人って、どういうとこが違うんだろう」「友情と恋って理想を相手に投影しているところは同じなのかも」「わかる、応えてくれないとがっかりするし、嫉妬もするし」。1時間は、あっという間だった。

お見送りに港へ出向く。フェリーを見上げていると、後ろから「ありがとうございました」。つぶやいたのは、座談会の実現を誰よりも願っていた男の子だった。

数日前の生徒面談のこと。「講師の方とどうしてもお話したいんです」「放課後の教職員研修、傍聴できませんか」「生徒交流会を。お礼、今は無理だけど、出世払いで絶対」。なんとかしようと一生懸命提案してくる姿に、「もう一度、お願いしてみようか」

その子はかつても直談判に来ていた。その話は会議にも上がり、「著作は全部読んでいるって」「会わせたいけど、時間も謝金も、当初の予定では……」幾人かの先生が調整や問い合わせをすることになって、それきり音沙汰がない。無理だったのかな、でも、最後にもう一度だけ。

「無理無理、お忙しい方だからね。」担当の先生は両手を高く上げ、とりつくしまもない、……ように見えたけど。オーバーに「無理」と言い切るのが、あやしい。目の奥が笑っている。「きっと君がまた来るだろうって」。講演翌朝、フェリー出航までなら、という条件付きで会が企画されつつあったのだ。「そうそう、終わってからの生徒挨拶だけど……」、先生の声を聞きながら、彼の頬はみるみる紅潮して、うわずった大声で「え、俺……？ まじっすか！」。たしなめようとして言葉を飲んだ。生徒の肩が震えている。嗚咽の合間を縫うように「ありがとうございます」。それは、うれし涙だった。彼の熱意が、ひとつの学びの時間を生み出した。

遠ざかるフェリーを一緒に眺めた。寂しがるかな、と思ってたけど、彼はぽつりと「大学かあ……」。フェリー越しに、未来を見ていた。胸躍ることを学ぶ感動。それを知っていることは大きな翼になる。彼はどんな世界へ羽ばたいていくのだろうか。

（２０１７年６月28日掲載）

彼女にしか描けない世界

「先生、見てください」、ある日の放課後、生徒がスケッチブックを抱えてやってきた。開くと、「海の青」が広がっている。群青、紫、水色。色鉛筆でさまざまな色を重ねた、深みのある水底の風景。そこに、ゆるやかな線でくらげの世界が描かれていた。すごい、本当に描いたんだ。

それは春休み前の出来事だった。寮日直に入ると、顔を出したのはイラストの得意な彼女。「絵本を描いてみたくって」。校内掲示版のコンクール案内を見て、ストーリーあるイラストを作りたくなったという。「でも、お話作るってむずかしいですね」

彼女は何度も相談に来た。ストーリーが浮かばない。せっかくの春休み、一歩踏み出したいのに、時間ばかりが流れていく。帰省の日が近づいていた。

「練習台に、どうかな」。渡してみたのはずっと前に私が書いた童話。「絵をつけたかったけど、私は苦手だから」

年度はじめは飛ぶように過ぎ去る。気がつけば夏休みも目前。忘れた頃の完成報告だった。嬉しい驚きに打たれてスケッチブックをめくる。

「今度みんなの前で発表するんです」。彼女の弾んだ声に、もう一度びっくりした。

学校と連携している公営学習センターでは、毎年3年有志が、将来やりたいことや関心あることを探究した「じぶん夢ゼミ」の発表をする。そこで読み聞かせをするんだとか。「発表前に聞いてもらいたくって」、彼女はゆっくりと読み始めた。

そして、発表会当日。紙芝居風にしたイラストを、実物投影機で大写しにし、一枚ずつめくって読み聞かせをする。参観日の保護者ってこんな気持ちなんだろうか。ちゃんとめくれますように、早口になりませんように……。すべて杞憂だった。お話が終わって、会場は拍手に包まれた。

「この経験であらためて感じたことがあります」。読み聞かせだけだと思ってたのに、紙芝居には続きがあった。人に喜んでもらえる絵を描きたい。イラストで人の思いをかたちにしたい。彼女がこれからやりたいことが、温かいタッチの紙芝居に重ねられて会場へと発信される。そういえば、古典の授業でも、他の子の発表資料が彼女のイラストに彩られていた。

彼女にしか描けない、やわらかな世界。それが他の人の思いと結びついて、しなやかに形を変えていく。「不安もあるけど、やっぱりデザインを学びたいなって」、彼女は笑顔で語っていた。あのやわらかな世界は、これから誰の思いをかたちにして、どのような姿を見せるのだろうか。

（２０１７年7月29日掲載）

知ってたよ、君の頑張り

「……は、必ず持ってきてね、あと、コンタクトと下着も」。「えー、ちょっと、私だって荷物多いのに」。終礼後の教室で、不思議な会話が耳に入った。見ると双子の姉妹が話している。一緒に暮らしているはずなのに、ヘンなの。

「頼まれた方」はしぶしぶと昇降口へ。2日後に迫った学園祭の準備か、大荷物をかかえた背中は、よたついていた。

次の日の早朝、昇降口で今度は「頼んでいた方」と出くわした。「あれ、早いね」。隣の島に住む彼女たちの登校は、始発船に乗っても8時前後のはず。いつもより1時間近く早い計算だ。外を見ると、車と他の生徒のお母さん。やっぱり。「泊めてもらってたんだ」。「はい、実は、一昨日から」

彼女は生徒会長だった。朝早くから準備を進める生徒の指揮を執ったり、執行部の準備を進めるために、高校がある島に残る覚悟を決めていたのだ。

隣の島の生徒の一部は、放課後いったん帰宅して、ふたたび船で公営の学習センターに現れる。きっとあのやりとりは、帰宅した妹に必要なものを持ってきてもらうため。

学園祭が始まってからは、分刻みでイベントが進行していく。合唱コンクールに各種成果発表、クラスブースにステージパフォーマンス。体育祭も晴天だった。朝からデコレーションを上げ、次から次へと選手招集。トラックではいつも誰かが走ってる。

いたるところに生徒会長の姿があった。がんばれがんばれ、あとちょっと。

日差しが弱まり、太陽も橙色になるころ、全ての競技が終わった。学園祭も、まもなく閉幕。「会長挨拶」、何日も駆けずり回った彼女が、ゆっくりと階段を踏みしめ、登壇する。「最初はどうなることか心配だったけど、みんなのこんなに一生懸命な姿や、こんな学園祭を見ることが出来て……」、言葉が次第に揺れ、声がつまった。「〇〇、泣くな」と声が飛ぶ。でも……。

ふいに一人の生徒が立ち上がった。あっという間にマイクに駆け寄り、「みんな、この学園祭を作ってくれた生徒会長にお礼を伝えましょう。胴上げします。前に出てきて」。声に背中を押されて、生徒たちが次々と立つ。それは一瞬の出来事だった。彼女は「ありがとう」と「おつかれさま」を一身に受け、夕暮れの宙を高々と飛んだ。

一生懸命な姿は、必ず誰かが見守っている。お互いの思いはちゃんと通い合っていた。みんなで作り上げた学園祭。そこでは生徒の熱い思いとお互いへの温かいまなざしが、幾重にも折り重なり、響き合っていた。

（２０１７年９月27日掲載）

初めての投票、大人への一歩

山が色づく季節は、衣替えの季節でもある。学校は白から黒へと様変わり。「先生のクラス、誕生日迎えた子、何人おる?」、唐突に同僚先生が話しかけてきた。「ちょっと調べてくれん。あと、今日から23日までに誕生日を迎える子も」。学校が冬服カラーに色づいてから、10日が経っていた。しばらく考えて、ようやく思い当たる。地歴公民科のその先生は、主権者教育の担当でもあった。「選挙ですね。でも、ずいぶん細かいんですね」。「今日までに誕生日か、公示から選挙までに誕生日かで、ちょっと違うんよね」カウントしてみると、選挙権があるのはクラスの3分の1ぐらい。

それから、いろいろな「初めて」がやってくる。全校朝礼で選挙や、誕生日の時期による選挙運動の可否が説明され、教室にも投票を促すポスターが貼られた。

ある日生徒が、「今日の終礼、長いですか」。だいたいその裏には、早く終わってくれないかな、が隠されている。「なにかあるの」、と尋ねれば、「親が仕事休みの日だから、一緒に期日前投票に行こうって。早い船に乗りたくって」。初めての投票には家族で行くのか。なんだかほほえましい。あとで、どうだった、と聞くと「行ってきましたよ」。得意げに親指を立ててから、突然、両手で口を覆った。「つい、誰に入れたか言いたくなっちゃう」。え、ことさら言わなくたっていいけど、言ってもべつに大丈夫だよ。それでも、なんだかそわそわしてる。

選挙当日は台風接近のため、フェリーも内航船も止まった。船通勤の先生に代わって、私は急遽、寮日直。昼食時間も終わる頃、寮生がやってきて、「先生、投票行きませんか」。「寮日直だもの、朝一番に行ったよ。今からなの？」外は次第に雨脚が強まっていた。「ですよね。みんな午前中に行ったって。しまったな……」。行かない、という選択肢はないみたい。その思いにほっとする。台風の中出かけるのは心配だけど……。しばらくして、「行ってきました」、ずぶ濡れの頭がもう一度覗いた。お疲れさま。頭しっかり拭いて、風邪引かないようにね。

新しい権利は、学校に沢山の変化を連れてきた。教員も生徒も戸惑ってたけど、「初めて」を楽しみ、果敢に臨もうとする生徒の姿が頼もしい。「行ってきました」の報告は、この権利を大切に受けとったことの表明みたい。春になったらみんな卒業。私たちの一票が生み出す社会は、どのように彼らを受け止めてくれるのだろうか。

（２０１７年10月25日掲載）

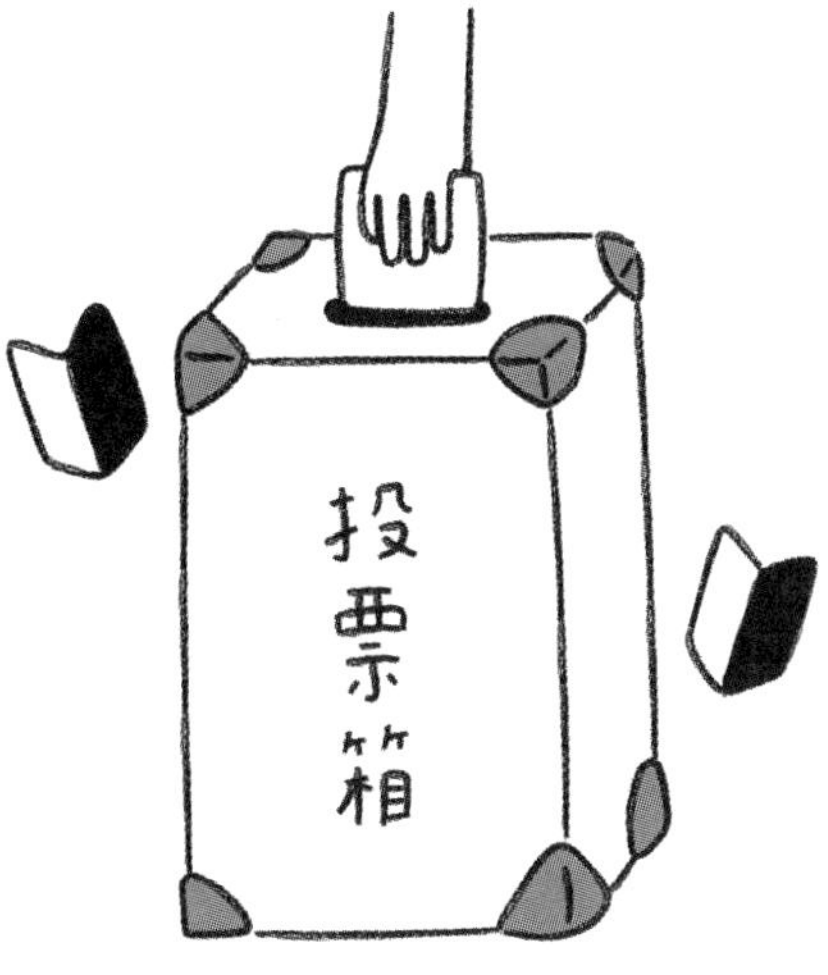

「おかえり」温かい挨拶

「長らくのご乗船おつかれさまでした」。アナウンスを合図に荷物をまとめる。研修資料がずしりと肩にかかってくる。出張明け、久しぶりの学校だった。朝一番のフェリーで戻ると5時間目には滑り込める。乗降口で順番待ちをしながら、学校に戻ってからの算段をする。13時に昇降口前集合と聞いていた。

その日は地域貢献デーという学校行事の日。3年生による地域への恩返し、午後から8班に分かれて2つの島に散らばる。私たちは養護高齢者施設の訪問と聞いていたけれど……。

「干し柿作るらしいっすよ」。同行する同僚さんから出た言葉に気分が浮き立つ。昇降口で点呼をし、みんなで船に乗り込んだ。

施設に着くと、テーブルごとに作業出来るよう準備が整っていた。名札を作って自己紹介をし、柿を分配する。協力しながら柿をむいて、一つ一つ結んでいった。それが終わるとティータイム。みんなでお茶を飲みながら民謡に合わせて手をたたいたり踊ったり。

「卒業したら、どうするの」不意に隣のテーブルでの会話が耳に飛び込んできた。3年生ばかりということで、ついさっきまでこっちでも進路の話をしていたところだった。「まだこれからだけど、看護系で」とか、「大学に行くから、4月から島を出ないと」とか。でも、隣から聞こえたのは、「戻ってきます」。どうやら、もっと先の話題みたい。福祉系の進学を志している男の子の声だった。いったんは旅立つけど、やっぱり島で働くんだね。彼の決意表明に歓声が上がった。

半日はあっという間だった。名残惜しさを感じながら船に乗る。港で他の班とも合流して、あとは学校まで、みんなでゆっくり歩いて帰ろう。と、一人の女子生徒が駆け寄ってきた。「先生、おかえりなさい」。一瞬、きょとんとしちゃったけど、「ありがとう、ただいま」。そういえば、出張から帰ると、誰かが必ず「おかえりなさい」と声をかけてくれる。3年生には島の子も、そうでない子もいるけど、この島で過ごした月日は、みんなを島の一員にしてくれたみたい。

「戻ってきます」の彼も、「おかえりなさい」の彼女も、まもなくいったんは旅立ちだ。でも、みんなの心に、帰る場所としてこの島があるって、なんだか温かい。彼らが「おかえりなさい」の言葉のシャワーを浴びる日、それはまだまだ先だけど……。みんなどのような成長を遂げて、この島に戻ってくるのだろうか。

（2017年11月29日掲載）

みんなが集う図書館に

隣の島に、図書館ができる。月1回の新設図書館ワークショップ「縁側カフェ」の存在を知り、仕事上がりに内航船に乗った。「こんばんは」。会場でよく知った顔と目が合う。クラスの生徒だ。島で寮生活を送る彼の「島親さん」は、この島に住んでいる。

「今日やるのは、仮囲いアートです」説明を受けて、本をかたどった枠組みの中にクレヨンを滑らせた。楽しい。隣では同じように生徒が絵を描いている。文字まで入れて、島への思いを綴っている。これが工事現場の仮囲いを彩るという。

「小中学校にも協力を呼びかけようと思っているんです」と、進行の方。隣を見ると、生徒が何か考えていた。「やってみたら」。こうして、彼のプロジェクトが始まった。

「先生、全校で描きたいんです」。押しつけがましさを感じる生徒が出ないか、ちょっと心配だった。「難しいかもよ、有志にしたら」。「アート企画って、有志にすると敷居が高くなるから……。この前みたいに、みんなで楽しむ場を設けないとなかなか描けないと思って」。事前に全校朝礼で趣旨をしっかり話すこと、当日は各クラスで生徒の口からもう一度お願いをすることを条件に職員会議資料を作った。

「承認されたよ」、廊下で声をかけると「ありがとうございます」。全校朝礼には、スクリーンに投影する資料まで用意していた。もうすぐ図書館ができること、その魅力や高校生にとってのメリット、そして、新しい図書館のために高校生全員で協力したいこと、これを機に図書館への関心を高めてほしいこと……。照明を落とした体育館で、彼は自分の思いを一生懸命話した。

そして迎えた当日。「ねえ、色ペン貸して」、「どんなの描いた」。一面に幾何学模様を描く子がいたり、特産品の大きなイカを描く子がいたり。心配は杞憂に終わった。彼の願い通り、楽しくみんなで絵を描いた。

次の縁側カフェ、私は行けなかったけど、彼は100枚を超えるイラストを持って船に乗ったと聞いた。その夜、司書さんからメッセージ。〝贈呈式が行われました〟添付写真を見ると、スーツにネクタイ姿の彼。絵を司書さんに手渡しながら、いい笑顔をしていた。

来週には「みんなで描いたイラスト」が飾られるそう。新しい図書館の愛称は「みんなの家」。彼の思いが島を越えて、家に集う人を増やしていく。竣工は来夏、3年生の彼らはもう新しい生活に踏み出していることだろう。それでもいつか、みんなで海の見える図書館に集う日がやってくるのかもしれない。色とりどりのイラストを、道しるべにして。

（2017年12月20日掲載）

自然に揉まれ、入試への船出

始業式の朝、放送が流れた。「本日、海上時化のため……」。やられた、船が全便欠航。休校だ。「あけましておめでとう」を言うはずだったのに。いや、それ以上に重大な問題がひかえていた。「いつ出ますか」「いつなら出られますか」、周囲を質問攻めにしている私、と、進路部長。その週末はセンター試験だった。天気予報の海の色は、数日にわたってオレンジと赤。絶望的な波の高さだ。長い協議のすえ、「次にフェリーが出たら、そのタイミングで発ちましょう」それが最終判断だった。慌てて連絡網を回す。早くて明日。もう出るしかない。

翌朝、同じ時刻に耳を澄ます。よし、放送はなし。すなわちフェリー運航。ところが学校出発を目前にして港から電話が入った。「高波で港に入れるか不確定です。チャレンジはしてみますが……」

ありのままを生徒に伝える。「まずは汽船場でフェリーを待つ。だめだったら内航船乗り場にダッシュね」

地形の違いからか、港によって波の影響は異なる。高校のある港が入港困難で飛ばされた場合は、直後に出る内航船でフェリーを追い抜き、隣の島から乗る、という作戦だ。

港に着いたらまず点呼。はぐれないよう、まとまって待合から外を眺めた。黒くうねる海と白波、その向こうに……、「あ、来た」、白い舳先が見えた。波と風に揉まれながらも次第に近づいてくる。がんばれ、がんばれ。みんなで見守っているうちに、舳先はだんだん大きく迫って、「乗船手続きを開始します」、受付からの声に歓声があがった。

デッキから船着き場を見下ろすと、先生方や同級生の姿が見える。「行ってきます」と手を振るセンター受験組、それに応えるように、「フレーフレー受験生」。副担任からの応援を皮切りに、生徒部長に学年主任、三角形に陣営を組んだ男子たちからエール。タラップが上がり、フェリーをつなぎ止めていたロープもようやくほどかれる頃、「校歌を歌います」、港から一人の女子生徒の声が飛んだ。フェリーの上には双子の妹。「一緒に歌おう」と盛り上がる受験組。「ああうるわしきこの島に」強風にかき消されそうになりながらも、彼らは一生懸命歌い続けた。

自然の大きさを肌で感じ続ける離島ライフ。時に翻弄もされるけど……。そこで育った生徒たちは、それすら楽しみ、受け入れている。島をたたえる歌声と、お見送りの姿が、次第に遠ざかっていく。生徒たちはいつまでも手を振り続けていた。


（2018年1月31日掲載）

「まさか」が結んだ縁

所用があって、本土へ出ていた。島に帰るフェリーに乗ると、「あ、先生」。懐かしい声。おかえり、戻ってきたんだね。それは、一人の3年生の姿だった。

思い出すのは、年明けのこと。「先生、新年早々ごめんなさい……」受話器から聞こえる弱り切った声。さすがにこっちも身がまえる。「なにか困ったことあった」「はい、実は……」。冬の季節はフェリーが減便、それに伴いダイヤも変更。最後の便は、暖かい時期よりわずかに出港が早いのだ。「列車から、遠ざかるフェリーが見えたんです」。翌日は始業式だった。しかたないね。明日おいで。おうちの人は知ってるの。

島外出身・寮生の彼女は、帰省先から寮まで一人旅。必要なことを電話越しに一つずつ確認する。「じゃあ、気をつけてね」。受話器を置いて、各所に報告。そして次の電話を待つこと1時間。「先生、本当にすみません」、よく似た声に話し方、「お母さんこそ、大変でしたね」。今度の電話は大人同士、苦笑混じりの情報交換が続く。どうやら宿は決まったらしい。「女性専用のドミトリーがあって」、それでね、と一呼吸、〝もう、聞いてくださいよ〟が、それとなく伝わってくる。「お客さん、うちの子だけみたいで、観光に連れてってもらうって」。畳みかけるようにやってきた〝まさか〟。ハプニングが新しい縁を結んだ模様。彼女は温かい人のつながりを感じて一晩を過ごしたことだろう。

最後の〝まさか〟は翌日の朝訪れた。町内放送が響く。「本日、海上時化のため……」船は全便欠航。そのまま西日本は爆弾低気圧に包まれた。この時期3年生の登校日は数えるほどだ。1月には始業式を含めて2日。それから、卒業式直前に2日。その間は希望者特別講習となる。過半数の生徒たちは全国に散らばって、進学準備に突入だ。頑張って本土側の港までやってきた彼女は、島に渡らないままとんぼ返りとなった。

「しかたないね」と脱力した、あれから1カ月半。懐かしさついでに件の宿泊施設のサイトを見る。あのときは、どんなところに泊まるかが心配で、検索をかけたけど……。ブログの最新記事にはお菓子の写真。1カ月半前に泊まった学生からのお土産だって。それは彼女の進学先がある土地の銘菓だった。やっぱり、お礼に行ったんだ。

ときにはうっかり失敗もある。でも、彼らは驚くほどしなやかに、様々な縁を取り結ぶ。まもなくみんな、新しい生活に出航だ。出会いを大切にする彼らは、これからどのようなつながりを結んでいくのだろう。

（2018年2月28日掲載）

紡いだ言葉、未来の標に

「朝礼に行かれる先生方、生徒連絡をお願いします」、職員朝礼での伝達を聞くや、メモを取ろうと身がまえる。それから、あ、そうだったと、力が抜ける。時計を見て、クラスに行こうと立ち上がってから、もう一度、あ、そうだった。彼らは、もう、巣立ってしまったのだ。

彼らの成長をともに喜んだ卒業式。その翌日には寮生を中心に、卒業生のおよそ半数が旅立っていった。フェリーと船着き場をつなぐ、色とりどりの紙テープ。島出身の子も、そうでない子も、「行ってきます」と手を振って、一つの「ふるさと」をあとにした。晴れやかな気持ちで見送ったはずなのに、やっぱり、寂しい。

そんなことを思っていたら、卒業生がやってきた。「先生、文章を見ていただけませんか」。聞けば、大快挙。大学の入学式で生徒代表に選ばれたのだ。まずは参考資料をと、職員室の棚から「式典」と書かれた古ぼけた箱を引っ張り出す。中には、折りたたまれた紙。入学式や卒業式の壇上で読み上げられた巻紙たちだ。「入学生代表誰だったっけ」、高校生活への期待や不安が中学生らしい字で大きく書いてある。懐かしさに、少しずつ横道にそれていく。「これは対面式だね」「卒業式のもありますね」、そんなことをしているうちに、生徒の顔がほころんだ。「先生、ここ、『がんばれ、あと半分』って書いてありますよ」。巻紙の半ば、筆ペンの字と字の間にうっすらと書かれた鉛筆書きの字を指さして言う。「ほんとだ、自分を励ましてるね」。それは対面式での歓迎の言葉、書いたのは元気でチャレンジャーな男子生徒だった。「パワフルな力で、共に学び続け、成長していきましょう」、自分を鼓舞しながら彼が書いた文章は温かかった。フェリーから笑顔で手を振った彼の姿がまぶたに浮かぶ。

3年前に入学生代表挨拶をした女子生徒は、「卒業を迎えたときに、自分自身の高校生活に自信をもてるようにしていきたい」と書いていた。卒業式の答辞も彼女。たくさんの感謝と、自分の成長を口にする彼女は、3年間で一層豊かに自分を表現できるようになっていた。

巻紙を通して、卒業した彼らが重ねた3年間の重みと温かさが伝わってくる。おかげで少し寂しくなくなったから、気を取り直して書いてみよっか。目の前の彼女に語りかけると、「はい、がんばります」、元気な返事が返ってきた。彼女が紡いだ言葉も、これからの標《しるべ》となることだろう。彼女は4年後、どのような成長を遂げているのだろうか。

（2018年3月28日掲載）

3年ぶりの弓道部

しばらくは、空になびく紙テープが頭から離れなかった。フェリーの舳先越しに小さくなっていく港。手を振る生徒たちと同僚の姿、地域の方々の笑顔。

春の異動で離島の高校から石見地区へと赴任した。そして、3年ぶりに弓道の世界に戻ってきた。前任の顧問の先生は、かつてお世話になった弓道界の先輩。こちらは異動で近隣の高校へ。「春休みのうちに、一緒に挨拶しようや」、〝先輩〟に誘《いざな》われて道場に向かう。顔を出すと部員たちが整列をはじめた。前顧問や生徒に案内されて道場の中央に座る。私たちから見て、一番後ろに男女の主将、その前に3年生、最前列が2年生。あれ、主将が遠いのってなんだか不思議。「はじめまして、よろしくお願いします」部員に簡単な挨拶をしたのち、様々な引き継ぎを受けてその日は終わった。

次の日からは、ひとり立ち。分からないことは部員に聞く。「始めと終わりの会のとき、顧問はどこに座っていたの」と尋ねると、「うしろです」。そして手で指示されたのが、この前案内された道場の中央。そこで、この前のひっかかりが溶けていった。そうか、あの並び、主将が「前」で、顧問が「後ろ」だったんだ。

「今日の反省会をします」、男女の主将が横並びになって、道場で進行をしている。主将と向かい合うように整列する部員たち。そして、その後ろに顧問。

これまで2校で弓道部を経験したけれど、学校ごとに顧問が座る場所は違っていた。初任校では、整列する生徒の真横。主将と部員たちとの真剣な横顔を見つめながら、毎日の締めくくりをした。

2校目は主将と膝を並べて部員に対峙。最初のうちは緊張したっけ。毎回毎回まっすぐなまなざしが向けられる。

弓道部顧問の〝先輩〟は言っていた。「異動することが分かってたから、最後の1年は生徒だけでも主体的に活動できるよう、できるだけ遠くから見ることにしてたんよ」。生徒の背中を見つめる時間、これはこれで面白い。と思っていたら、最後に、「先生」と主将が意見を求める。部員がくるりとこちらを向いた。「反省や課題を言い合えるところ、互いに指導しあえるところ、すごくいいと思う。新入部員にもつなげよう」

自分たちだけで磨きあう時間、大人の意見を求める時間、それぞれを大切にする彼らは、ちょうど、子どもから大人になるところ。これからみんなで新しいチームを作っていこう。見守るうちに、背中もどんどん大きくなっていくことだろう。

（２０１８年４月25日掲載）

保健だよりに思いを込めて

「失礼します」次々に生徒がやってきては、オレンジのファイルを置いていく。生徒朝礼が終わり、1時間目の予鈴が鳴るか鳴らないかの時間。「ありがとう。みんな、元気に来てる?」と尋ねると、はい、とうなずく子に、うーん、と首をひねる子。それを横目に健康観察簿の点検。初めて保健室担当になった。

毎日のように「どうした?」「元気?」「大丈夫?」繰り返すうちに、ふと思う。最近、「元気」ってよく聞いた。

「元気にしてた」、隠岐勤務から石見勤務になって2カ月。久しぶりに会う知人たちが口々に声をかけてくれた。そして、もう一つよく聞いたのが、「おばあちゃん、お元気?」齢《よわい》90になる祖母は、健啖健脚、よくしゃべる。そんなイメージのせいか、繰り返される「お元気」という問いかけ。それは、大切な人が元気でありますように、という言霊に似た温かい挨拶みたい。そうだ、このエピソードがいいんじゃないかな。ちょうど、保健だよりのためにお願いされたコラムの締め切りが迫っていた。

4月中旬のこと。「今年度から保健室に常駐する先生が増えたんですよ」と、養護教諭の先生。「みんなでつくってるって感じの保健だよりを発行したくて」。スクールカウンセラー紹介、健診の一コマに、保健所からのお知らせ。美術の先生が教職員の似顔絵イラストを添えてついに完成した保健だよりには、それぞれの「味」が重なり合っている。

うん、満足、と思ったのもつかの間。半月もすると、6月号のコラム、どうしよう。保健部歴の浅さを恨みつつ、うんうん数日悩んだすえ、苦し紛れに「リレーコラムにしませんか」。かくして2号目のコラムは再任用大ベテラン先生の預かりに。すると、「こんな感じはどうかな」。それは、これからの体育や運動部活動に欠かせない「水」の話。だけど……沸点・融点、状態変化。とても軽い分子です、ほかの軽い分子たちはみんな気化する常温で、どうして液体なのでしょう。化学の先生プレゼンツ〝H_2O〟についてのたくさんの不思議が連なっていた。私には書けない切り口に目を丸くする。みんなでつくるって面白い。

保健室にはいろいろな生徒たちが顔をのぞかせる。教員だっていろいろだ。発信したいのは「お元気ですか」「元気でやれよ」。「元気」という名の挨拶をそれぞれの言葉で伝え続けよう。元気を必要としている人に届けられるように。

（2018年5月30日掲載）

「ありがとう」作者に届け

美術室に入ると、木の匂い、油の匂い、ほかにも色々と混ざり合った、懐かしい匂いに包まれた。その日は美術の公開授業。机には丸い画用紙。緑、赤茶、水色、よく見ると、植物が描かれている。「次の活動は、『鑑賞』です。では、立って」先生の言葉を合図に、生徒たちが机の周りを動き始める。一緒になって生徒作品を観ていると、「心を打った作品、『鑑賞文』を書きたいと思った作品の机についていてください。浮かんだタイトルをシートに記入して……」

以前に交わしたおしゃべりを思い出す。「今度、作品評価の活動をするんです、タイトルをつけたり、感想を書いたり……」。でも美術の感想って難しいのか、筆が進みにくいときもあって、とため息をつく先生。「『鑑賞文』、にしちゃうのは？　評論家を気取って『この色彩が、……を想起させる』なんて書くのも、楽しかったりして」

あのときの言葉が、早速かたちをあらわしている。生徒の活動が見たくて首を伸ばした矢先、先生が小走りにやってきた。手にはワークシート。ありがたく〝授業資料〟を受け取ろうとしたら、「一人欠席がいるので……」、申し訳なさそうに見やった先には、ぽつんと空席が残されていた。

かくして、生徒に混じって背を丸め、小さな椅子に腰掛けることに。目の前の「作品」には、しずくのような流線の葉がいくつも描かれている。淡い緑が美しい。ペンを執ろうとしたとき、「あれ、こらこら」、今度は隣の席の方から先生の声が飛んできた。「自分の作品の席じゃない」。顔を向けると、陽に焼けた男の子が苦笑いで頭をペコペコ。「入れ替わり、ましょうか」。席替えをして、私は彼の作品担当になった。

同じように植物を描いているのに、全く雰囲気が違うところが面白い。その作品は、葉が外に向かって力強く伸びていた。生命力あふれるこのタイトルは……。

「はい、自分の席に戻りましょう」。あっというまの時間だった。難しかったけど、面白かったな。寄せられた鑑賞文を前にした生徒たちは、楽しそうに友だちとおしゃべりをしたり、一人照れ笑いを浮かべたり。でも、みんな嬉しそう。

何かに触れたときの感動、それを書き表すのは難しい。自分を見つめ、言葉にする時間。でも、彼らは一生懸命書いていた。それは「誰か」に届けようとする言葉でもある。心揺さぶる作品を描いた「誰か」に対するありがとう。それが言葉となって教室を飛び交った。そうして生まれたたくさんの笑顔が、美術室を温かく満たしていった。

（2018年6月27日掲載）

ふるさとの力　継承と挑戦

「昔はあの山にお城があって……」、民話のような語り口に引き込まれる。「……でも、城主不在になった城下町はさびれちゃう。そこに初代の『ヨザエモン』が訪れたんです」。倉庫の中、整然と並べられたビールケースに腰をおろす生徒たち。見つめる先にいる〝語り部〟は……「この地の豊かなお米と水に惹かれたんでしょうね、蔵を立てて。私の父は十四代目」、地元の酒造の若旦那だ。

「地域巡検」という行事がある。少人数班で地元企業を訪問し、学びや考察を班ごとに発表。今年は食品開発班の引率を任された。

しばらくすると、昔話から一転、デンプン、アミラーゼ、ブドウ糖……お酒造りの話になって、工場見学へ。梯子のような階段を上り、こわごわ蒸し器をのぞいたり、天井まで届きそうなタンクを見上げたり。

昼食をはさみ、バスで30分。午後は豆腐製造元へ。「うちは、昔ながらの釜で煮詰めるから、この時期は暑くて……。でもそれが今じゃかえって珍しいって言ってもらえる」。出された豆腐を口に運ぶと、なんだか懐かしい大豆の味。「このへん、田舎だけど、だからこそ『ビジネスのネタになるローテク』に注目したり、継承するのも面白いじゃない」と、代表の方。

そこから、スライドには生徒の事前レポートが映し出された。課題は「地域おこし事例を調べよう」。たくさんの事例の中に、3月までいた離島の名前がある。「この島がね、頑張ってるんですよ」。紹介されて、なんだか嬉しい。そして、また感じる懐かしさ。ここにも、地域を元気にしようと頑張る人たちがいた。代表は続ける。「私たちも、食と農をテーマに、みんなでこの地区を築こう、と。超高齢化が進んでも、一生働ける職場を、みんなで」。スライドには、給食食材を提供する地域のおじいちゃんおばあちゃんの笑顔、そして、保育所の子どもたちの笑顔。

帰りのバスでぼんやり思う。お豆腐屋さんの挑戦、面白かったな。酒造の質疑応答も。昔と製造方法は変化したんですか、と問われると「基本的には同じ、引き継いでいるものを大切に」。でも、一番のこだわりは、という質問には「去年よりも進歩した酒造り」と、笑顔の杜氏さん。地域のための継承や挑戦が、ここにもある。

昔々の時代から、今に至るまで続いてきた道。そして、これからの道を拓こうとする熱くって面白い大人たちと、これから大人になる子どもたち。

たった一日、ちょっとそこまで、の引率。そこで出会ったのは、大切なふるさとの姿だった。

（２０１８年８月１日掲載）

届けたい、選び抜いた言葉

「いつも通りの授業をしてください」、そう言われてはいたけれど、なんとなく気になる。昨日までは空席だった場所に、ショートカットの女の子。タイからの留学生が、やってきた。

「昔、男ありけり」、朝からさっそく、古典の授業。身分違いの恋、つかの間の逃避行。でも、哀れ女は鬼に食べられてしまって……。という古文作品だ。大丈夫かなあ、不安じゃないかなあ。何がどこまで伝わっているんだろう。

次の戸惑いは、午後の授業でやってきた。パソコン教室で大学・企業訪問前の調べ学習タイム。でも、研修旅行中、留学生はお留守番だ。授業担当者で相談をして、「タイ　の　こと、しょうかい　しましょう」。ゆっくりと彼女に伝えた。

私は、昔のお話が知りたいな。彼女にそう伝えると、しばらく考えて、何かを検索。画面に現れたのは筋骨隆々とした灰緑色の……、なにか。これは、いったい。私の困惑が伝わったのか、世界史担当の正担任が助け船を出してきた。「ラーマーヤナのタイ版だね。王子様の活躍を追うお話」

「じゃあ、これ、王子様なんですか」

「オニ」突然彼女が口を開いた。え、鬼？　一瞬、古典の授業がよぎる。「そうそう、お姫様が鬼にさらわれるんだよ」２度目の助け船が入る。古文と似ててびっくり、「鬼」って言葉、知ってたんだ。タイの王子様は猿をお供に鬼退治に行くらしい。なんだか桃太郎にも似ている。

「もう、気になって集中できない」と、横並びでパソコンを見つめていた生徒が口をとがらせた。

でも、耳をふさぐ彼女の横顔は、笑っている。そうだ、クラスのみんながどんなことを知りたいのか聞いてみようよ。彼女に紙を渡すと、「ヤッテ　ミマス」

できあがったのは「タイについて、知りたいことをかいてください。なんでもいいよ！」丸くてやさしい字が連なったアンケート用紙。終礼でプリントを配ると、生徒たちがざわめく。すごいね、とか、何書こう、が教室いっぱいに広がった。

それからの調べ学習、彼女は一生懸命キーボードを叩いている。「困っていること、ない？」と投げかけると、笑顔で「大丈夫」。アンケートを見て納得した。「食べ物のこと　教えてください」「にんきの　アニメ　は」どれも、短くてわかりやすい言葉。ふりがなを振ったり、イラストを添えたり。自分たちの言葉が、彼女に届きますように。丁寧で温かいメッセージが並んでいた。

思いを乗せた言葉が、届くって嬉しい。「お返事」が返ってくると、もっと嬉しい。私たちは手探りで近づいていく。次は彼女が発信する番だ。１年間の留学生活は、まだ始まったばかり。

（２０１８年９月26日掲載）

新体制　主将のまごころ

「先生、次の大会のチーム発表はいつですか？」新メンバーで臨んだ初めての公式戦が終わり、胸をなで下ろしたのもつかの間、弓道部の男女主将がやってきた。「早く発表して、自覚をもたせたいっていうか、その……」

強くしないと、という意気込みと、慣れないリーダーという二人の立ち位置。迷いながら叱ったり、褒めたり。新体制の正念場だ。「わかった。実は、〝連れて行く〟メンバーは決めているの。立ち順だけ、あと一日、考えさせて」。自分たちから聞きにきておいて、戸惑うような表情を浮かべる二人。それは出場チーム数に制限のある大会だった。全員を連れて行けるわけではない。でも、しかたのないことだもの。メンバーになってもならなくても、強くなろうと一丸になって励めるような部活動であれ。

その夕方のこと。部活終わりにミーティングをして、「ありがとうございました」、全員で礼をする。職員室に戻ろうとすると……「1年生は、その場に残って」、主将の声が飛んだ。なんか、あったかな。学年の温度差が浮き彫りになりやすい時期だ。道具を出しっ放しにしたとか、開始時間に遅れたとか……いくつかの可能性が脳裏をよぎる。でも、私はいない方が話しやすいのだろう。背中で気にしつつ、道場の出口まで歩を進めた。

「みんな、ごめん」。背中に飛んできたのは、思いがけない声。「全員で行けると思ってた、期待させちゃってたのに。ごめん」

しまった。少し考えたら分かることだった。今年はたまたま新入部員に恵まれた。でも、引退した先輩たちは片手で数えられる程度。2年生だって似たり寄ったりだ。彼らはこれまで、「出場制限」を実感した経験が無かった。どの大会にも全員で出場していたのだ。あの問いは、ただ、〝みんなで〟緊張感もって伸びていこう、という思いからのものだったのだろう。謝るのは、説明が足りなかった私の方だ。それなのに、全責任を引き受ける思いで頭を下げている主将たち。その誠意に打たれて、出て行けなかった。

叱って、褒めて、支え合って、ひとつのチームになるのは大変だ。でも、その根っこに「まごころ」があれば、きっと次第にまとまっていく。

翌日、私も「ごめんなさい」。二人に頭を下げてから、選抜メンバーを示した。「これで、いこうと思う」「はい、わかりました」。力強く返事をした二人は、昨日のことなど、なにも気にしていないようだった。

（2018年10月31日掲載）

育み、育まれて、未来へ

朝の保健室は静かだ。だけど、始業近くになると……、あ、来た。最近は、足音で分かるようになってきた。ノックの音に続いて、「おはようございます」、女子生徒の明るい声が響き、いつもの顔がのぞいた。クリアファイルを受け取って、「じゃあ、放課後にね」

また、この季節がやってきた。クリアファイルから小論文を取り出し、赤ペンを入れる。大きく変わりつつある大学入試、従来型の筆記試験を課す大学も多いが、小論文やプレゼンテーションで受験生の力を図ろうとする大学も増えている。秋は推薦・AO入試の正念場だ。毎朝、粘り強く、小論文を書き上げては持ってくる彼女。添削をして、放課後にはプレゼンテーション指導、そんな日々が1カ月以上続いていた。

「ただいま、間があいちゃってごめんね」、受験が目前に迫った頃、出張で2日ほど彼女に会えない日があった。その日の放課後は、いつものように、面接練習。「では、志望理由をお聞かせください」。彼女がしゃべる内容は、だいたい頭に入っている、はずだったけど……。「え、これ、だれかから、アドバイスもらった？」驚いた。自己PR・プレゼンテーションという受験方法を彼女が選んだ理由が、格段に深まっている。ちょっとつけ加えただけなのに、彼女のいいところや、志望先への強い思いがよく伝わる内容になっていた。

「はい、○○先生に」。彼女があげたのは、進路部長の先生。そうかー、さすがだなあ、感謝の気持ちと一緒になんだか笑いがこみ上げた。〝相変わらず〟お世話になっている自分がおかしくて、しばらく笑いをかみ殺していると、怪訝そうなまなざしに気がついた。種明かしをしないとね。「○○先生、私の担任だったの。やっぱり、恩師は違うわー」。こちらを見つめる彼女の目が丸くなった。

あっという間に「お世話になりました」、旅立ち前日がやってきた。最後に出してきた小論文は、「〝頑張ったね〟と取り組みをほめ、評価することで子どもを大きく育みたい」という内容。彼女の志望も「先生」だ。きっと、温かく、情熱的な先生になることだろう。育んで、育まれて、つながっていく。いつか、学校で再会したりするんだろうか。そのための第一歩。不安もあるけど、人事は尽くした、天命を待とう。できれば、3人で喜びたいね、そう願いながら、旅立つ彼女の背中を見送った。

（2018年11月28日掲載）

心の火灯す異国の出会い

久しぶりの飛行機はちょっと緊張する。夜明け前の空港に降り立つと、夏のような暑さと香辛料の香り。微笑みの国・タイにやってきた。

高校の海外研修は過酷だ。機内泊明けから駆け足で企業や学校を訪問し、英語でプレゼンテーションをする。生徒たちはよく頑張った。ふるさと紹介や課題研究の成果を懸命に話す。伝わらないのは想定内。単語を変え、身振りを加える。ようやく「届いた」という手ごたえ。笑顔が漏れる。研修終盤には、みんな、ちょっと自信がついたような成長したような、そんな顔をしていた。ところが……。

最終日、案内されたのはとても大きな学校だった。全校集会で紹介してもらうのだ。体育館の扉が開くと、割れんばかりの歓声。「ほら、行った行った」。生徒を送り出すも、一層大きくなる声に、大人までたじろいでしまう。研修旅行最後のプレゼンが始まった。日本語を学ぶタイの子どもたちが、日本人に向ける視線は熱烈だ。プレゼン中でも、歓声と声援が飛び交う。これまでとはあまりにも違う環境。でも、生徒たちは、負けじと大きな声に身振りで発表している。そうだ。頑張れ、頑張れ。

急に、ざわめきが小さくなった。それに呼応するかのように、スピーカーからお囃子が流れ、少しずつ大きくなっていく。画面いっぱいに大蛇がとぐろを巻き、スサノオが舞った。彼女たちは、ふるさとプレゼンの最後に、神楽の映像を用意していたのだ。タイの子どもたちは、手を前につき、首をめいっぱい伸ばすようにして見つめている。嬉しかった。大蛇が退治され、"Thank you for listening!"の文字が映し出されると、会場には、その日いちばんの拍手と歓声が湧き起こった。

帰国を前に、ある生徒は、目の前の人を大切に、きちんと思いを伝えられる人になりたいと言っていた。タイの大学で聞いたお話がよみがえる。「これは、みなさんに〝マッチ〟を届けるプロジェクトです」。小さな火は、微風にさえ消されかねないし、何もしなければ軸を燃やしきっておしまいだ。「火をつなぐ意思ある人になってほしい。大きく灯し続けてほしい」、学長さんはそう続けていた。一番大きな学びは、交流の中にこそあったのかもしれない。日本の生徒、タイの生徒。その出会いが、マッチを擦った。

自分たちで灯した火なら、大丈夫。きっと、その火は、消されまい。

彼ら、彼女らは、思い出を胸に学び続けることだろう。いつか、より大きくなった火を胸に、再会する日が来るのかもしれない。

（2019年1月30日掲載）

誰もがいきいき働くために

気配を消して後ろから入ったのに、「先生、どうしたんですか」。好奇のまなざしが飛んでくる。普段は授業に行かないクラス。「みんなの学びを見守ろうかと」、冗談めかして返しつつ、教壇に立った水色のエプロン姿を見守った。

チャイムが響く。「今日のテーマは〝はたらく〟ということ」。スクリーンには、何人かの看護師さんチームの写真が映し出された。

先生、やっぱり緊張してるな。生徒たちも、なんだかよそ行きの顔をしてるみたい。お互いよく知った相手のはずだけど、こんな風に教卓を挟んで向かい合うのは、きっと初めて。「このなかに、私がいます」。先生の声が張り詰めた空気を破った。どよめきが起こる。「どこ」「あ、こっちだよ」何人かが人差し指を伸ばしている。写真の中には、目の前に立つ〝保健室の先生〟と同じ顔の看護師さんが映っていた。

始まりは数カ月も前のこと。「研究授業を組み立てたいんですけど」。相談を持ちかけられて驚いた。え、保健室の先生も研究授業するんですか。聞けば研修の一環で研究授業があるんだとか。「他の教科のサポートとして入るんです」。白紙からのスタート。どの教科でなにができるんだろう。先生の専門性も伝えたいし、教科の授業プランとの調整もある。紆余曲折のすえ、たどり着いたのが、「はたらき方と健康」だった。

どこで生きるか、どう働くか。働いていない時間をどう過ごしたいか。働き方は、生き方の根っこに大きく関わってくる。県外からUターンし、看護師経験を経て、養護教諭という生き方を選んだ先生は続けた。「いきいきと働くには、大切なものがたくさんあります」。そこからは生徒の活動だ。自分が働くときに大切にしたい条件を挙げる。話し合う。「次は、起業したつもりで。社員それぞれが大切にしたいものをチームとして大切にし、そして、その会社が魅力あるものでありつづけるために、グループで『社訓』を考えてみましょう」

どう働きたいかを言葉にする。みんなが温かく働けるように、その背中を押す言葉を選ぶ。あっという間の1時間だった。授業の終わりには、たくさんの『社訓』が並んでいた。

保健室に戻って、一緒にほっとひといき。「あのあと、保健委員の子が、『よかったよ』って声かけてきたんです」、指導教官みたいな生徒のコメントがなんだかおかしい。だけど、「働いている先生の姿を、応援したいなって思ったんでしょうね」と、一緒に笑った。

働くって大変だ、でも、働くっておもしろい。どう働き、どんなチームをつくり、そのチームで何をしよう。みんなでいきいき働くために、一生懸命言葉を交わしたあの生徒たちは、どんな道に踏み出していくのだろうか。

（２０１９年2月27日掲載）

クラスの記憶　感謝と寂しさ

「先生、最後のホームルームは、一緒に、ね」。いいんですか、副担任なのに。正担任の先生に誘われて、クラス最後の日に立ち会えることになった。遠慮したり恐縮したりしつつも、やっぱり、嬉しい。私の異動と同時にこの学校にやってきた1年生たち。分からないこと、初めてのことを相手に、奮闘した1年だったね。春になったらクラス替えだ。次のステップへ踏み出す日は、ひとつのチームが幕を閉じる日でもある。毎年のことだけど、ちょっと寂しい。いったい、何を伝えよう。

そしてその日がやってきた。終業式と離任式が終わり、教室に戻って最後のホームルーム。「みんな、気づいてた？　このクラス、月曜と火曜の1時間目、古典率がとっても高かったよね」。生徒たちはちょっと上を向いて思い返したり、ウンウンとうなずいたり、ホントだねと笑いあったり。たまたまそんな時間割になっていただけなんだけど、「私にとって、みんなと一緒に古典を楽しむ週明けは、とっても大切な時間でした」

ずっと古典が好きだった。読み継がれてきたものを読み解きたいし、その思いに触れたい。そう思って選んだ仕事だったけれど、「先生」だって、働く中で、困ったり悩んだり、もちろん、疲れたりもする。うまくエンジンがかからない日もあれば、週末の部活遠征疲れを引きずって迎える朝もあった。それでも、一緒に頑張ってきた「チーム」で古典を学ぶことが、いつも1週間に弾みをつけてくれていた。

求められる学力観が変わりゆくなか、手探りでやったたくさんの授業。人間になりたがった蛙の姿を描いた古文から、読み取ったメッセージをプレゼンした。諸子百家になりきって選挙演説をしたことも、平家物語の群読をしたこともあった。

「対話も、発表も、勇気が必要で、もうひとつ、安心して自分を出せるっていう『場』の雰囲気も必要なんだよね。最後の発表を見て、上手になったなあって心から思いました。いい『場』を作れるようになって、いいチームになって、嬉しいし、そのぶん、今はちょっと寂しいです」。うまくは話せなかったかもしれない。だけど、思ったことを、感謝と寂しさを、できるだけそのまま伝えたかった。

春からは、顔ぶれも一新だね。みんなwhile、きっとまた温かいチームを作ることでしょう。できたら、古典のことを好きになってね。新学期、お互いにいい顔で会おうと誓ってあとにした教室は、やっぱりちょっとだけ、名残惜しかった。

（2019年3月27日掲載）

元気力

頑張り支える仲間のチカラ

高校で国語を教えるようになって12年、様々な校種の教員が集う学びの場があるから、と声をかけられた。名付けて「教員の元気が出る会」。こじんまりとした会だけど、みんなで教材研究や実践報告をし、時には困っていることを相談し合ったりもする。

「今度の教材、音読劇なんですけど」、小学校の若手先生が言いよどむ。国語は教えにくいと言われることが多い。正解が一つでなかったり、活動の評価が難しかったり。それぞれの得意や経験をつなげ、子どもたちを温かくはぐくめる、楽しい授業を考えよう、というのがその日のねらいだった。

「地域の演劇サークルによる出前授業をはさむのは?」「感情を伝える工夫が大切なら、それが評価される活動がいいよね」、そんなこんなを重ねながら、みんなで授業を作った夜。数週間して発表会の招待状が舞い込んだ。

公民館に着いてしばらくすると、「こんにちはー」、小学生の「小さな役者さん」たちが次々にやってきた。大きな教科書と模造紙を大切そうに抱えている。

最初に発表するメンバーが並ぶと、「準備はいいですか」先生の声が明るく響く。のんびりさんといばりんぼう、二人の木こりの物語だ。子どもたちは、一生懸命演じる。聞く方も真剣なまなざしで、せりふの中の一番の工夫を聞き当ててホワイトボードに大きく書く。書き終わったらせーので揚げて……。それは、躍動感のある発表会だった。舞台のあとには、もうひとつの楽しみ。「答え合わせの時間」だ。役者さんチームが大切に抱いていた模造紙を開いて、「私たちが一番工夫をした台詞は……」、書かれていた言葉に歓声が上がる。外れたって大丈夫。たくさん練習した音読劇、全体にちりばめられた工夫を探り当てられた小さな役者さんたちは、きっと喜んでいる。優しい時間が嬉しかった。

高校に戻る。今年度最初のホームルーム、何を話すか悩んでいたけれど……。「頑張りを支える力があるんだよね」。この取り組みでいいのか。目指す道はこれで大丈夫か。不安なとき、心細いとき、頑張りは鈍る。「安心して頑張れるクラスを、みんなで作っていこう」

「元気の出る会」はまもなく5回目を迎える。迷いは尽きないけど、また集う。話すうちに元気になる。きっと元気は安心の中から湧いてくるんだ。大人だって子どもだって、迷いながらも進まなければならないときがある。不安のなかで働く日、学ぶときもある。でも、だからこそ、集って話す。支え合う。補い合って笑顔になるとき、立ち向かう力を得るとき、そこには誰かがくれた安らぎのかけらがあるのだろう。さあ、ここからだ。新学期が動き出した。（2019年4月21日掲載）

挑戦　新しい生涯学習のかたち

「先生、この前、僕たちの平均年齢を出してみたんですよ」、目の前にいるのは、職場の高校生……ではなくて、頭《かしら》に雪をいただいた人生の大先輩。「71歳ですよ、71歳。超高齢化」、まいったな、といわんばかりに頭を振りつつ、声はなんだか、楽しそう。瞳の奥には、いたずらっ子のような輝きが宿る。

高校で国語を教えて12年。実は、詩吟の準師範になってからも同じだけの歳月が流れている。平均年齢を出したという「僕たち」は、隠岐の詩吟愛好会メンバーだ。

「高齢者の僕たちが、パソコンと奮闘してるって、おもしろいですよね」と大先輩。お稽古は月に2回。県西部にいる私と、離島にいる会員さん。1回は海を渡るけど、もう1回はオンラインだ。

「愛好会を立ち上げましょうよ」。そう声をかけられたのが5年前。隠岐に赴任して間もない頃だった。詩吟の話は自己紹介代わりによくしていたけど、いざ立ち上げとなると及び腰になっている自分がいた。教員は、転勤族だ。次の異動だって、遠からずやってくる。そんな思いが行動を鈍らせていた。

でも、「先生、やりましょう」「大丈夫ですよ」。周囲の熱意は変わらない。なかば押し切られるようにして生まれた小さな詩吟愛好会だった。それからというもの、日中は学校で古文や漢文を教え、夜は愛好会で漢詩や和歌を読み解いたり、その詩文を吟《うた》ったり。年齢も、経験も異なる大人たちが集まる学《まな》び舎《や》は、高校とはまた違うおもしろさがある。

折しも勤務先の高校では、県内でも一早く様々なＩＣＴ（情報通信技術）機器が導入され、遠隔地との交流や協働学習が推進されていた。離島という地理的条件も影響したのだろう、次々と実現する遠隔会議に遠隔授業を目の当たりにして、「これでお稽古もできたら……」。最初は何気ないつぶやきだったけど、言葉にすると、反響がある。驚いたのは、「先生、やりましょう」、立ち上げのときと同じ、力強い声が返ってきたこと。かくして、近隣の学習センターを借り、スタッフの方の力も借りながら、「遠隔詩吟」の土台作りを進めることに。

もちろん、芸事において対面に優るものはない。でも、高齢者×ＩＣＴって、様々な可能性を秘めているのかもしれない。体力や家庭の事情で、なかなか遠出はできないけれど、学ぶ力に満ちた元気いっぱいの人生の先輩たち。その点と点がつながったら、詩吟だけにとどまらない、新しい生涯学習のかたちが立ち現れてくるんじゃないか。

そうして迎えた人事異動だった。会員さんたちとは、ずいぶん離れちゃったけど……、代わりに走り出したのは、「71歳の挑戦」。学びへの情熱と、新しいことを楽しむ姿勢をもったランナーは、どんな景色を見ることだろう。

（２０１９年６月16日掲載）

海越え集う　島の吟道大会

午前中の補習を終えるや、特急に飛び乗って益田を出発。目指すは、隠岐だ。

詩吟愛好会のメンバーで作り上げた吟道大会が目前に迫っていた。ＩＣＴ機器を詩吟に導入し、離島と本島での交流やお稽古につなげようとチャレンジを重ねてきた会員さんたち。平均年齢は72歳になった。機器導入にあたって、ＣＦ（クラウドファンディング）にも挑戦。今回の吟道大会は、言ってみれば練習の成果と最新ＩＣＴ機器のお披露目会だ。ＣＦのリターンの目玉でもある。自然豊かで和歌も多く紡がれたこの地に、私たちの挑戦を支えてくれた吟友を招きたかった。

「機器の導入も大会も、はじめてのことで……」、当初は心配そうな声もあった。でも、「やってみようじゃないか。支えてくれた人たちに、この島で恩返しができるし、島の魅力も知ってもらえる」、「島の外にいる愛好家仲間にも出会ってみたいわねえ」、前向きな声が重なり、１年以上もかけて準備をしてきた企画だった。

そして迎えた当日。会場となった島のホテルは、中国五県から集まった詩吟愛好家で満室となった。大きな窓越しに、夏の海が太陽の光を返してくる。本当に、島での吟道大会が実現した。隠岐の愛好会は後鳥羽院がこの地で詠まれたという和歌を披露。県外から参加した方々も地域にちなんだ漢詩や和歌を紹介している。どのふるさとも、温かい。

大会後には遠隔会議システムを介したお稽古の疑似体験。町営の学習センタースタッフの丁寧なサポートで、画面に鮮明な姿が映ると、あちこちで感嘆の声が上がった。ふるさとはそれぞれに違うけど、これからも海を越えてつながれる。そんな約束を交わすかのような時間だった。楽しいときはあっという間だ。大会が終わり、懇親会が終わり、翌日は島を案内して……せっかく仲良くなったのに、船出の時が近づいてきた。

「紙テープ、準備しときますんで」、見送りに駆けつけた皆さんに耳打ちされた。旅立つ友を送るとき、フェリーと港をつなぐ紙テープが空を彩る。事務局長は鉢巻きを締め、「感謝」と「挑戦」が大きく書かれたプレートを胸にかけていた。出航の汽笛が響く。「お元気で」、「また来てね」、「ありがとう」。陸から、海から、大きな声が飛び交った。島の中の絆と、海を越えたつながり、たくさんの方に支えられて実現した、大切な交流会。「高齢者×ＩＣＴ」の挑戦は始まったばかりだ。このご縁、これからどのような形で引き継がれていくのだろうか。

（２０１９年８月11日掲載）

ＰＴＡ企画、誰もが笑顔に

部活を終えて、生徒を帰す。夜の気配が漂っていた。さて、今からもう一仕事。働き方改革の声も聞こえるけれど、この時間でないと集まれないこともある。「お疲れ様です」、会議室に駆け込むと、「あ、先生。お疲れさまねえ」。くるりとこちらを向いた顔には、どことなく生徒たちの面影がある。初めてＰＴＡ担当になった。

夏休みも迫ったある日のこと「去年はそうめんだったけど、今年の学園祭はどうする?」、先輩教員からの問いかけに青ざめた。２学期の目玉とも言える学園祭ではＰＴＡブースも恒例だ。部活動単位で出す模擬店が人気で、ＰＴＡも便乗していたのだが、食中毒などの懸念から、今年から飲食物販売は禁止。新しいことを考える必要に迫られていた。それぞれが仕事の合間を縫って集っては意見を出し合い、決まった企画は「千本引き」。たくさんある紐から1本を引いて景品を取る、一種の福引きだ。ホワイトボードの上に輪っかを固定し、何本もの紐を通す。スムーズに引けるよう試作と実験を繰り返し、なんとか模擬店準備が整った。

当日は暑すぎるほどの晴天に恵まれた。各部活動が工夫を凝らしたゲームブースを展開するなか、ＰＴＡの千本引きもいざ開店。紐の先にはお菓子や即席麺。どれくらい生徒が来てくれるだろう。どきどきしているところに、お客さん第一号が現れた。うちのクラスの男子生徒だ。おまけに……。「来たよ」、と彼が声をかけた先には、一緒に準備をしてきたお母さん。ぶっきらぼうな言葉だけど温かい。「弁当抜きにしとくんだったわ。ほら、他のサッカー部も誘って、もっかいおいで」

お母さんは笑顔で返す。

坊主頭がやってくると、「お！　○○くん！　よし野球部仕様でいきましょう」、と、あるお父さんから鶴の一声。負けじと飛んだ「○○さんのお母さん、チョコパイ食べたい！」という生徒の声。そのたび、景品が付け替えられる。なんだか不思議でおもしろい。お父さんお母さんが、「地域のおじさん」や「友達のお母さん」になって、たくさんの生徒を呼び寄せていた。

思えばずっと、保護者さんとの対話は緊張の連続だった。安心してもらわなければ、とプレッシャーに押しつぶされそうになりながら進路雑誌をめくった日々もあった。だけど……。一緒に千本引きを作り上げてくれた「仲間」は、たくさんの顔をもっていた。お仕事をして、お父さんお母さんをして、地域の人でもある。それは一緒に子どもを育んでいこうとする同志だった。担任する生徒は2年生。巣立ちまでに、大人たちはこれからも色々な顔を使い分けながら関わっていくことだろう。進路実現に向けて、ここからが正念場だ。

（２０１９年9月27日掲載）

みんなでつくった弓道大会

「外線です」、回された受話器の向こうからは、「この前メールした件で……」、学生のような柔らかさを残す声。近くの高校の弓道部顧問くんだ。「ごめんっ。準備が追いつかなくて」、電話機に何度も頭を下げる。市営弓道場での公式戦が迫っていた。県下の弓道部員が、この地にやってくる。

公式戦は各校持ち回りだ。多くの場合、担当校の弓道場が会場だが、益田では市営弓道場が会場となり、近隣高校が合同で準備にあたる。私の勤務校は、代々その「総監督」。とはいえ私にとっては初めての経験だ。何から手をつければいいのやら。電話をくれた先生からのメールには、「本校はどう関わったらいいですか。また教えてください」。受信から1週間が経っていた。相手は社会人になって数年の若手先生だ。私が先手を打たないといけなかったのに……。苦い反省を噛みしめて、過去資料を集める。物品の配置図、各校で分担して持ち込む備品、購入物品。新しい的もたくさんいる。

大会前日、「班分けをしたら物品集め。体育館から白布を借りて……」、部員たちに指示を出してから市営弓道場へ。雨が降り続いていた。弓道場に続く坂のふもと、傘を差す二人の人影がある。「ご迷惑をおかけするばかりで」またも頭を下げる私。「お疲れ様です」、なにも意に介していないような顔で傘を差し出す後輩顧問くんと、射技指導者の先生。前日のテント設営をお願いしていた。「相変わらずで、申し訳ないです」、もうちょっと成長して再会したかったんだけどな。下げていた頭を上げると、懐かしい顔ぶれが目に飛び込んだ。後輩顧問くんは、私が新米だった頃の弓道部員くん、射技指導の方も、初任の頃から助けてもらった大先輩。まさかここで、こんなにも助けてもらうことになるなんて。学校に戻ると、部員に報告。「市営弓道場でも、頑張ってたよ。○○高校さん、雨のなか一生懸命テントを立ててくれてた」。的を張っていた手が止まり、生徒の目が丸くなる。みんなそれぞれの場所で頑張って、一つの大会を作るんだ。

大会は矢のごとく過ぎていった。「手伝いましょうか」「これお願いできる」が飛び交う。みんなで会場を作り、みんなで片付ける。大会最終日、閉会式も終わって随分と静かになった道場前には、二校の名前を刻んだトラックが並んだ。「積み残し、ないね。じゃあ、解散」。運転席から後方を見やると、近隣校勤務の先生方と生徒たちの姿。ここ2週間、この準備に追い立てられてきたけれど、終わってしまえば、なんだか寂しい。「失礼します！　ありがとうございました、また！」窓を開けて、声を張り上げた。次は中国大会だ。昨日の敵は、というけれど、頼もしい味方だった彼らも再びライバルへ。強くなって、また会おう。

（２０１９年９月27日掲載）

温かい、学びのサイクル

午前の授業を終え、生徒たちと慌ただしくバスに乗り込んだ。午後は理系クラスの2年生による出前実験。目指すは小学校だ。

体育館に到着するや、何度も時計を見やりながら、暗幕を張ったり、長机を運んだり。ようやくセッティングが終わるころ、小学生さんたちがやってきた。

「まずは、雲を作ります」。ドラム缶のような筒に、熱湯をザバっとあけて、液体窒素を注げば、真っ白い水蒸気が龍のように立ち上る。歓声が湧き起こった。続いて、水素爆発による紙コップ飛ばし。「点火してみたい人」とマイクを向けると、次々に挙がる小さな手。場が温まってきた。

「ここからは、小さな班で、色々な実験を順番に回りましょう」。スライム作りに、空気圧体感、ウミホタルの発光……。タイマーをセットし、メインイベントが始まった。

もちろんハプニングだってある。スライムが固まらなかったり、思うような反応が得られなかったり、逆に盛り上がりすぎて時間が押しちゃったり……。助けたくもなるけど、「見守ってたらいいよ。ここからが、おもしろいとこ」。先輩教員の助言に従って、ぐっと押さえる。すると、「ほら、見て」。スライムを作るための溶液を分業でコップに取り分けたり、説明の順序や言葉選びを変えてみたり。みんな自分で工夫して、より楽しい時間を作り出そうとしていた。

怒濤のような2時間が終わり、静かになった体育館。思った以上に疲れている自分に気づく。小学生のエネルギーを一身に受けていた高校生はなおさらだろう。「お疲れ様」、片付け作業を巡ってみると、「溶液がうまく固まらなくて、もう、ほんと焦った」、「先生、『スライム作り』のあとの『錯視』は不利！　みんな手遊びしてるし、でも叱りたくはないし……」。本番中には漏らさなかった弱音が、ここに来て噴出するのもおもしろい。小さなお客さんのため、困った気持ちも怒りたい気持ちも、抑えてたんだ。

最後のミーティング、「一言、お願いできますか」、小学校の先生にそう投げかけると、「この中には、よく知っている子もいて、ようこそ来てくれたなって」懐かしむように先生は語った。「この子たちも、出前実験、受けてるんですよ。それが巡り巡って、今度はこうして……」

驚いた。聞けばたしかにそうなんだけど、全く思いもしなかった。そして、一度に合点した。彼らも幼い頃、その小さな瞳でとらえていたのだ、「ちょっとだけ人生の先輩」たちが、奮闘する姿を。だから、その姿をなぞろうとして、うまくいかないこともきちんと見つめて、工夫して……。温かい学びの出世払い。このサイクルが、人を育む。教える方も、教わる方も。今日の小さなお客さんも、いつか、先輩の面差しで、母校に顔を出すのかもしれない。

（２０１９年12月23日掲載）

地域の和歌に導かれ

夕闇の迫る時間。慣れない道。教えてもらった公民館の入り口で慌ただしくスリッパに履き替え、ホワイトボードをチェック。ここだ。初めての場所に緊張しつつ、「和室」と表示された先のふすまに手をかけた。

益田で迎えた2回目の冬、おもしろい話が舞い込んできた。「人麻呂公の歌集が出るのよ。吟《うた》って楽しむ研修、なんてできないかしら」。幼少期から詩吟をやっている。その縁だった。一説にここは、柿本人麻呂終焉の地。顕彰会による和歌のワークショップ企画が持ち上がりつつあるという。構成を考え、和歌を選んで、資料を作って、何度目かになる打合せ。スタンダードな三十一文字に、壮大な長歌も紹介したい、そんな話をしていると、「実は知り合いにもう一人、詩吟の先生がいて、一緒にどうですか」と水を向けられた。びっくりした。私の流派はこの地では少数派。他の流派だ。「ぜひ、一緒に」。そうして訪ねた公民館だった。

「失礼します」。ふすまを開けると、くるりとこちらに向けられるいくつもの穏やかな笑顔。「ちょうど今、そろそろかなってお話ししてたのよ」。机に並んだ薄桃色の教本には、見覚えがあった。2回目のびっくり。私は学生時代に一度、流派を変わっている。それは、私が初めて詩吟と出会ったときの教本だったのだ。

小学生の頃だった。福祉クラブのおばあちゃん先生が、詩吟の先生。高齢者介護施設での出し物として習っていたはずが、妙にはまって、高校卒業までずっと続けていた。ところが、進学先には同じ流派の教場がない。悩んだ末に出した結論が、他流派への再入門だった。

大学では日本文学を学んだ。いつしか「国語」を、「古典」を、仕事にしようと考えるようになっていた。だけど……。教員として島根に帰ったとき、あのおばあちゃん先生は、もうどこにもいなかった。いつか不義理を詫び、でも詩吟は続けていることを報告しようと思っていたのに。

「せっかくですから一吟どうぞ」、温かい声に引き戻される。「ありがとうございます」。ちょっと顔を出すだけのつもりが、結局、最後まで見学させていただいた。打合せの末、ワークショップでは相聞歌の掛け合いをすることに。互いを想う恋の歌だ。お稽古終わりに、先生は笑顔で言った。「これからも一緒に、ね」。今でこそ流派は違うけど、巡り巡って、出発点にたどり着いたみたい。この地に眠る美しい和歌は告げる。遠い昔の人が、誰かをいとおしく思った記憶を。そして呼び覚ます。おばあちゃん先生に沢山のことを教えられ、育んでもらった私の記憶を。ワークショップはどうなることやら。不安もあるけど、歌が連れてきた思い出が、そして新しい出会いが、きっと楽しい時間を支えてくれることだろう。

（２０２０年2月16日掲載）

信じて待つ、いつもの春

2月終わりに舞い込んだ報せは、あまりに突然だった。「感染拡大を防ぐため、当面、休校の要請がありました」。緊迫した空気、どこか現実味を感じられない自分。まさか。生徒がそこにいて、職員室にもいつもの顔ぶれがあって、生徒朝礼だって授業だっていつもどおりあるのに……。

その日は怒濤のようだった。このまま休校なら、春休みは倍近くになる計算だ。課題の量、春休み明け試験の範囲、生徒に伝える内容、何もかも大幅な見直しが必要だった。でも、時間が無い。授業の合間、職員室に戻っては、「現代文はやっとくけん、先生は古典に専念して」、「印刷いける？綴じようか？」、声を掛け合って作業を進める。終礼は連絡事項の嵐だろうから、と、刷りたての教材を抱えて教室棟の階段を駆け上がった。教室に入るたび、生徒の視線が集まる。「今はまだ、何とも言えない。でも、どうなってもいいように」。配布物を託し、そのまま7時間目の授業へ。終礼前に臨時の職員会議がある予定だった。でも授業後、職員室に戻ると……なんだか、様子が、へん？「休校は、しないものとする」。教頭先生の言葉にどよめく教職員。それは、島根県の判断だった。戸惑いながら迎えた生徒終礼、「不安も、どうしてって気持ちもあると思う。これからどうなるか、このかたちでいいのか、正直わからない。でも私は、今日このクラスとお別れにならなくて、そのことは嬉しいよ」、思ったことをそのまま話した。

休校こそなかったけど、学校生活は様変わり。大人数では集まれないから、卒業式は縮小され、学年集会はなくなった。終業式・転退任式は教室でメッセージムービーを視聴。

明日、クラスのみんなと会えなくなるかもしれない、そんな漠然とした不安がひたひたと迫る日々。でもその裏で、それまで感じもしなかった些細なことへの感謝もたくさん芽生えた。今日も学校に行けて、クラスがあって、今のところ、みんな元気そう。

綱渡りをするような思いで過ごした3週間。終業式が、訪れた。通知表を配りながら、「1年間、ありがとう」。言っているうちに声が震えた。未来が見えないからこそ大切さに気づけた、このメンバーと過ごす一日一日。その終わりを迎えたことが悲しくて、でも、迎えられたことは嬉しくて、気づけば涙になっていた。

また新年度がやってくる。これまで通り、とはきっといかない。当たり前に学校に行けて、休育や部活動、球技大会もできちゃって、大勢で笑いあえた日々。ありふれた日常が、今は懐かしい。それでも、みんなで工夫して、できることをできるように。

冬来たりなば春遠からじ、今はそれを信じたい。誰もいない教室から見える景色。変わらず花開いた桜は、新入生の訪れを待っている。

（2020年4月5日掲載）

学び舎　手探りで求め

いつもと違う5月の大型連休。例年なら前半戦に部活遠征をして、連休半ばで試験発表。部活停止期間になるや、今度は詩吟で旅立って……。でも、今年は、なにもない。

緊急事態宣言ののち、学校から生徒の姿が消えた。現場では色々な議論があって、オンライン化に向けた挑戦もいくつかした。それでもなお舵の切り方は見えないまま、生徒がいない時間だけが、じりじりと流れていく。連休のやり過ごし方も見失い、ぼんやりＳＮＳを眺めていたら、友人の投稿が目にとまった。

「ＧＷ、自由探究合宿しませんか」。有志によるオンラインの集いを通してそれぞれが興味のあるテーマを探究・発信できるような企画を立てたいという。最初に探究テーマと背景を共有し、最後に成果発表をする。時間の使い方や経過報告の有無は任意。大学の卒業研究みたい。自分を満たす学び、仕事と離れた探究の時間は、久しく取れていなかった。今だ、やるしかない。

テーマは隠岐勤務で知った民話、「白島の赤法印」にした。助けた亀に連れられて、乙姫と恋仲になった源太夫。浦島太郎みたいなのに、玉手箱は出てこない。さらに源太夫は竜宮からの帰途、侍女とも深い仲になってしまうのだ。この不思議な展開に惹かれ、調べ上げた時期があった。今ならまとめる時間が取れる。それに……。

生徒にしばしの別れを告げたあの日。「不安もあるけど、自分の時間を大切に、前進しよう。『これ頑張ったよ』『やってみたよ』って笑顔で再会しよう」。そう言った手前、生徒に言える学びの時間を過ごしたかった。

探究メンバーもテーマも多様。初対面の人もいる。でも声を掛け合って一緒に学び、質問をしたり、答えたり。そうして成果を褒められる。嬉しかった。

青葉がそよぐ季節、ようやく高校も分散登校が始まった。生徒は半数ずつ登校して授業を受ける。校舎に響く明るい声。教室が息を吹き返したようだ。

とはいえ登校は2日に1回。それ以外はウェブを介してのやりとりだ。「昨日はオンラインの学習会をしました」、とコメントが届いたりして、手探りで進んでいく姿が頼もしい。ウェブの方が雄弁という子もいる。

「家庭学習が続くと分からないとき開けなくって……」と、こっちは登校日の学級日誌に書かれた声。日直の彼は、久々に顔を合わせた友だちと話したくてしかたのない様子だった。

急速に進むオンライン化への期待もある。オフラインでの対面に顔をほころばせる生徒の姿もやっぱり嬉しい。どちらも本当だ。学びたいことを安心して学べる、頼れる人がいる、応援してくれる人の存在を感じられる。そんな場は、オンラインにもオフラインにもあって、そのどちらも生徒たちは求めているみたい。そうだよね、大人にとっても、とても大切な場なのだから……。それを守り、創るための工夫。学校の、社会の正念場だ。これからの「学び舎」は、どのような姿になっていくのだろう。

（2020年5月24日掲載）

「センセイのたまご」にエール

「教員志望の大学生たちから相談があって」、２カ月ほど前、先輩教員さんから連絡があった。それは、今夏、教採（教員採用試験）を受ける世代からのＳＯＳ。コロナ禍で教育実習も相談会も延期や中止が相次ぎ、不安でいっぱいな現状を打破すべくオンライン学習会を開きたい、というもの。面白そうだし、応援したい！　先生のたまごたちが立ち上げたチーム、その名も「センセイタマＧＯ！」。志望理由を語り、新しい学習指導要領を学び……。大学生さんのＳＯＳに応じて支援をしたり一緒に学んだり。回を重ねる内に、グループメンバーも増えていった。

そんなある日、「先生こんにちは」、通話アプリに申請とメッセージが舞い込んだ。私は人の顔や名前を覚えるのが苦手。えっと、この子は……。「〝先生たまご〟の○○です。□□高校のとき、現代文でお世話になりました」。あ、〝たまご〟の子！　でも、まさかその中に、知った子がいたなんて……。

「私は、隠岐枠での受験をします」、丁寧なメッセージは続いた。島根の教採には地域枠が存在する。対策の一環で、いろいろ話を聞きたいんだとか。かけがえのない隠岐での教員生活が、めぐりめぐってかつての教え子から必要とされるなんて。オンラインならすぐできる。それに大事な試験前、時は金なり、善は急げ！　すぐ日程を決めた。

卒業アルバムを引っ張り出す。現代文を教えたクラス……、見つけた、この名前！　個人写真のページには担任の先生の写真もある。あれ、この先生こそ、今まさに、隠岐にいるはず。知らなかったのかな。サプライズで呼んでみようかな。いたずら心が頭をもたげた。

期待と不安が入り混じって迎えた当日。時間ぴったりに〝たまご〟さんが現れた。「頑張ってるんだね、声かけられるまで気づけなくてごめんね。そうそう、担任の●●先生、今隠岐なんだよ、知ってた」、矢継ぎ早に昔語りをする私に対して、なんだか画面の向こうは困り顔？「●●先生は担任じゃなくって……」、予想外の返答に、こちらの目が丸くなる。「同姓同名の先輩がいたんです。だから……」。2度目のまさかがやってきた。平謝りをする私に、画面の向こうから笑いを含んだ声。「でも、●●先生は副顧問でした。声かけてくださってありがとうございます」。たまごさんの方がよっぽど落ち着いてる。そうこうしてるうちに、海を越えて、隠岐の教育現場からルームへの来室があった。「ごめんなさい、実は……」。全ては私の早とちり。でも、3人で笑っていると、あの頃の記憶がよみがえる。「じゃあ、始めよっか」。たまごさんの質問や考えたいことを確認しながら、意見を言ったり疑問を投げかけたり。あっという間に予定の時間。「センセイタマGO！」は、このあと定例の学習タイムのはず。忙しいね、頑張って。名残惜しくはあるけれど、最後は手を振って心からの応援を伝えた。

例年通りできないもどかしさもあるし、不安も大きいことだろう。でも、できることを、できるように、一生懸命やり続ける、その背中が頼もしい。みんなの努力が実りますように。たまごがかえる日は、きっとすぐそこだ。

（2020年7月5日掲載）

みんなで挑戦 オンライン授業

いつもなら気ぜわしく始まる月曜日。でもその日は、ちょっと違った。授業がない、生徒もいない。台風10号通過の日。天気予報が「最大級の注意を」と告げてほどなく決まった臨時休校だった。こんなときは時間がゆっくり流れているような思いになる……ことが多いのだけれど。

「そろそろだっけ」、「操作不安な人は20分前からパソコン教室で確認、だったよね」職員室がざわざわしている。臨時休校に関する文書と一緒に配った書類があった。「11時から、一斉接続テストをします」。それはオンライン授業の手引書だった。

学校から生徒の姿が消えた春。あのときのようなことがまたいつ起こるか分からない。少しずつ準備が進んでいた。「台風の被害状況によるけど、そこは様子を見て、ね」。台風も感染症も、備えあれば憂いなし。うまくいけば、オンライン授業の練習をする絶好のチャンスだ。

時計を横目にパソコン室へ。生徒には添付ファイルを開いて「課題」に取り組むよう伝えていた。課題というと大仰だけど、実際の質問は、「今日の天気は何ですか」。まだまだ外は土砂降りだ。まるで大喜利、どう返してくるものやら。

私たちにとっても貴重な練習の場。課題を入力して、添付して……、よし、完成。ほっと胸をなで下ろしたその時、「この問い、変えてもええの?」、学年主任のつぶやきが飛び込んだ。「2年部は、『遠足行くならどこ行きたい』って聞いてみるか」

例年なら4月終わりの行事。だけど今年は緊急事態宣言のさなかで、どこにも行けるはずはなく、

「ごめん、今は『延期』としか……」、それればかりを繰り返してきた。

「盛り上がるかもしれませんね」。2年部・担任4名。不安といたずら心が入り交じった視線が飛び交う。「いきましょう」「アンケートノォームって作れたはずだよね」。やるならできることを最大限やりたい。じゃあ、それで」。オンライン初心者で悪戦苦闘すること15分、「できたー！」駆け込みで作った「課題」を生徒に投げかけた。

「□□行きたい」。すぐさま届いた返信が、なんだか嬉しい。だけど、「問いをよく見て」、力作のアンケートフォームから返してほしかったのに、コメント欄への入力が相次いだりして。「すみません、見てませんでした」「添付ファイルが開けません」。こちらが直前に変更したせいで混乱している面もある。「大丈夫、今日は練習だから。もし再入力できるならやってみよう」。画面の向こう側で奮闘している生徒たちに返信。頑張れ、私たちも頑張る。

怒濤の1時間が終わった。教員も、不安な中での学び合いを重ねながら迎えた接続テスト。「いやー、疲れた。大変な時代になったもんだなあ、俺はもう引退だあ」、冗談めかした声も聞こえるけど、どことなくやりきった感もある。

様々なメディアが教育のICT化を取り上げている。先進事例も多く耳にするし、準備体制がまだぬるいとのお叱りもあることだろう。でも、これがいま、私が身を置く教育現場だ。できないこともあるけれど、困って迷って助け合う。先生だって、トライアンドエラーの連続だ。まだまだ勉強しないとなあ。でも、一緒に取り組む仲間が、ここにも、画面の向こうにもいる。台風一過、少しだけ優しい自分になれた気がした。

（2020年9月22日掲載）

生徒の姿に支えられ

忘れ物をチェックしようと、白い壁とベッドを眺める。「まだ重いものは持っちゃだめ」、ボストンバッグは看護師さんが運んでくれた。（……本当なら、今日は水族館にいたのにな）。疾患が見つかって、入院をして、手術をした。退院のその日は、コロナ禍で延期を重ね、ようやく実現した勤務校の遠足だった。

基本的には丈夫な方だ。病欠だってほとんど無い。それなのに、ここにきて……。担任業務も、教科指導も、色々な先生に代わってもらった。行くはずだった教科の出張にも、部活動の大会引率にも、行けなくなった。現任校の弓道部顧問になって3年目。入学時から見ていた子たちが主力メンバーとなった今年、これまたコロナ禍で大会はことごとく無くなった。ようやく新入部員と一緒に遠征だ。そう思って楽しみにしていたのに……。退院後も安静期間は続く。私だけ、どこにも行けなかった1カ月は苦しく、後ろめたさばかりが募った。

ふてくされて迎えた公式戦の夜、電話が鳴った。部員からだ。生徒の声を聞くのも1カ月ぶり。「今日の結果を報告します」。電話越しに拍手が聞こえる。みんな集まっているみたい。「個人戦、□□、第3位、そして○○、第1位！」ほんとに？　おめでとう。私も見たかった、その瞬間を。

「続いて、団体戦……」いたずらっ子のような、それでいて真剣味をおびた不思議な声。つられて、こちらも言葉が出なくなる。「女子Aチームは、第1位！」。時がとまった。「先生、団体優勝です、全国大会進出ですよ！」。生徒の声が、思考を後押ししてくれる。え、そうだよね、やっぱり、そういうことだよね。ひと呼吸おいてから、「びっくりした。すごいね。ほんとすごい」、間の抜けた祝辞を口にした。

「勝ったときは生徒のおかげ」、かつて弓道の大先輩から教えてもらった言葉を思い出す。謙虚であれ、という教えだったんだろう。「お、もう大丈夫なの？」「はい、おかげさまで」。職場復帰後は、しばらくそのやりとりを繰り返した。休んでいる間、そしてそのあとまで、様々な人に助けられた。クラスも、授業も、部活動も。たくさんの人に育まれて、力強く歩みを進める生徒たちがいる。それでも申し訳なさはあるし、やっぱり一緒に大会行きたかったたな。なにより、その瞬間こそ、一緒に喜び合いたかったよ。だけど、申し訳なさや後ろめたさの陰で、今はほんの少しだけ誇らしさが頭をもたげている。たくさんの方に育まれ、自走している部員たちの姿はかっこいい。みんなを誇りに思うよ。おかげで、心は一足先に元気になったみたい。身体もそのうちついてくる。

そういえば生徒面談でも……。帰り支度に入りかけていたある女の子が、「そうだ、先生」、くるっと振り向いて顔をほころばせた。「先生がお休みに入った時の中間テスト、古典が今までで一番良かったんです」。え、そうなの？　採点も成績処理も出来ずじまいのテストだった。生徒の頑張りも、見落としていた。「先生のこと考えて、頑張りました」

また、やられた。みんなはとってもかっこいい。でも、できれば、次は、私も見ているところでね。２回目の言葉を、遠ざかる背中につぶやいた。

（２０２０年12月６日掲載）

逆境で深まる絆

よかった、起きられた。苦手な早起きが無事できて、まずは安堵の息をつく。夜明け前の始発に飛び乗って、松江を目指した。その日は、半年にわたって受講してきた社会教育士講習の最終講義と閉講式が予定されていた。

「社会教育って?」と聞かれると困ってしまう。たとえば、私が幼少期、公民館で習ってた詩吟とか。祖母が通ってた市民大学に、父が出かけていった自治会の防災教室も。語弊を恐れずに言えば、校舎の外にある学び、一生に寄り添ってくれる学び。身近にあるようで、うまく語れなかったその姿に手を伸ばし、もっと関わっていきたい。そんな思いから、おっかなびっくり申し込んだ講習だった。

この半年、月に数回は部活が終わるや「お先に失礼します!」、猛ダッシュで帰宅し、パソコンをつけた。退勤からの100分間が、貴重な講義とゼミの時間だった。画面の向こうには年齢も職業も様々な同志たち。公民館で、公営塾で、学校で、それぞれに奮闘している仲間と学び、議論を交わした。忙しかったけど発見に満ちた日々だった。

でもついに閉講式か……。感慨に浸りかけたのもつかの間、その日はまったく違う意味で忘れられない日となった。

駅で予期せぬ事態が発生した。会場で行うはずのプレゼンのデータ、それも、5人チームでデザインしたワークショップのデータが、壊れているのか開けない。試せど試せど、エラーメッセージが出るばかり。いやな汗が流れた。早く誰かに相談したい。不安から逃れようとするかのごとく、小走りでバスに滑り込んだ。

「あれ、直子さん?」、バスのシートから手を振る人がいる。同じゼミ生の方だ。「あ……」、答えようとして、言葉に詰まる。コロナ禍で、当初予定の対面講義や合宿は全てオンラインに移行。直接会うのは初めてだ。変な間をおいて、「お疲れ様です、はじめまして」、なんだかちぐはぐな挨拶をした。細かい雨の降る朝だった。データの件で肩を落とす私を、彼女は傘に招き入れてくれた。

会場でプレゼンチームにあらためて現状を伝え、頭を下げる。「大丈夫、発表は午後だし、できるようにやればいい」。そうだ、時間が全くないわけじゃない。「これ、私やっときますね」、ありがとう、本当に助かる。励ましの言葉をかけあい、それぞれの得意を活かしてデータを再現してくれるチームがありがたかった。そして……、「できた!」、最初に作ったものと多少の差はあれ、本番ぎりぎりのところでデータが完成した。前夜、一人で最後の仕上げをしたものより、何倍も思いの詰まった仕上がり。大切な共同作品だった。

すべての講義が修了したら、なんだか泣けてきた。卒業しちゃうんだ。個性豊かな同期生とのひと時の別れ、それは、ちょっと寂しい。でも、ここがスタートラインだ。それぞれの地で、それぞれの道を私たちは歩んでいく。「次はマスクなしでも安心できる世界で、実践報告したいよね」。再び笑いあえる日への期待を心の原動力にして。

(2021年2月7日掲載)

多様な性、「自分」を生きる

「私が毎月参加してる学習会があるんだけど」、何回か悩んだ末に、メッセージを送ることにした。「今回は、多様な性を考える回なの」。相手は以前、私のクラスにいた子。その頃は、詰襟の学生服に身を包んでいた。「オンライン開催だし、一緒に参加出来たら嬉しいなと思って」。元気かな。嫌な気持ちにしちゃったらどうしよう。やきもきしながら待つこと1日。返信が来た。「お誘いありがとうございます、メイクしたほうがいいのかしら」

私のクラスで〝男子高校生〟を3年やったその子は、卒業後、様々な葛藤を抱えながらも、なりたい自分を少しずつ表現するようになった。時折SNSで目にする写真は、どんどん可愛く、綺麗になっていく。そしてある日、決意表明が投稿された。「YouTuberデビューします。一番実現したいのは【マイノリティーに勇気を届けること】」。以来、〝恋する乙女〟と自ら称したその子の表現は、広く発信されるようになった。

学習会当日、〝彼女〟はきれいにメイクをしてやってきた。前半はみんな一緒にゲストスピーカーの話や動画教材に触れて理解を深め、後半は小グループで気づきや悩みについて協議する。私は彼女と同じ班。どうしても聞いておきたいことがあった。「あの時の授業のことだけど……」。5年前の苦い経験がよぎる。今回の学習会と同じように、「多様な性を考える」ホームルーム活動をしたことがあった。ほかならぬその子がいたクラス。それも考慮しての活動計画だった。だけど……。「今日の時間、嫌でした」、授業後の感想には、苦しい気持ちが書き連ねてあった。自分の至らなさで、かえって生徒を傷つけた。その後悔が、ずっと心にわだかまっていた。「辛い思い、させちゃったよね」、もう一度、ちゃんと謝ろう。そして、どうしたらよかったのか、聞いてみよう。

「覚えてますよ。なんでわざわざって思っちゃった。あの頃は特に、自分は変なのかなって思い悩んでて、辞書の『性同一性障害』っていう言葉に傷ついて、破り捨てたりして」。穏やかな声とは対照的に、胸を刺す言葉たち。自分の顔がこわばっていくのが分かった。覚悟して尋ねたはずなのに、どんどん苦しくなってくる。その時だった。「でも先生、あのあと友だちが、『○○は、俺らに見えない世界が見えるんだ、かっこいいね』って言ってくれたんです」。え、知らなかった。そんなことが。どうやら男子寮での出来事らしい。「それもあって、よく覚えてるんです。授業の言葉も、時を経て分かるようになったり、あとから思い起こして楽になった時も……」。画面が涙でにじんだ。授業だけでは伝えられないことがたくさんあったけど、本当に大切なことは、近くにいる温かい人たちが、ちゃんと届けてくれていたんだ。

「親だって、心配はしてますけど、メイクして帰ること、受け入れてくれるようになったんです」。最後に、嬉しそうにそう語った彼女は、とびきりの笑顔をカメラに向けた。

（2021年3月14日掲載）

万葉仮名で綴る思いは

刺されると痛い「八千」、狩野で出会った「十六」、なーんだ？　真ん中に漢字クイズ、右下には小さく地域の偉人・人麻呂公。ビタミンカラーのチラシができた。「万葉仮名で暗号ラブレターを書こう」、大人も子どもも対象にした、ワークショップ企画が動き出した。

発端は小学校に勤める知人からの提案だった。「一緒になんか仕掛けていかない？」。一説に、私がいる益田は歌聖とよばれた柿本人麻呂公終焉の地。2023年には没後1300年祭が予定されている。それに向けて地域を盛り上げ、次世代への継承へとつなげたいが、子どもたちと楽しめる企画ができないものかと、知人に白羽の矢が立ったらしい。

「文化の継承って聞くと身構えちゃうかも」「子どもも大人も楽しめそうなゲームは？」話し合いの末にたどり着いたのが〝暗号ラブレター〟だった。現存する最古の歌集「万葉集」は漢字で書かれている。厳密には万葉仮名という、この時代特有の表記方法。文字を持たなかった日本人は、思いを伝える工夫として、漢字の音や訓を組み合わせ、遊び心も重ねながら、思いを発信していた。簡単な万葉仮名一覧を準備して、クイズ形式で解読したり作成したり。これならできそうだし、楽しそう。古典大好き国語教員として、ここは腕の見せ所だ。

当日は小学生からシニア層まで、多様な世代が集まった。「なんて書いてあるでしょう」クイズからスタートすると、「はいっ」、すぐさま小さな手が挙がる。どうやら子供たちの方が得意みたい。さて、冒頭のクイズ、「八千」はハチ（蜂）、読み方の組み合わせだ。八も千もカタカナの元になっているから、そのままでもなんとなく読めそう。十六はシシ（獅子）、こっちは算数の九九で、四四＝十六となることから。実際の万葉仮名をいくつか解読すると、今度は書いてみたくなる。「じゃあ本題、暗号ラブレター書いてみよう』、日本語は音数の少ない言語だから、当て字をするには数ある同音の漢字から「選び取る」という段階を踏まないといけない。あるお父さんの便箋には、文末に「真珠」の文字。しばらく考え込んで「あ、ですますの『ます』ですね」と納得。それは、パートナーへ日々の感謝を伝えるお手紙だった。妹にお手紙を書くんだと鉛筆を走らせるお兄ちゃんもいれば、「私の母に……」と丁寧に清書をする女性もいる。選び抜かれた漢字たちが、それぞれの便箋で輝きを放っていた。ワークショップの締めくくりには、もういちど、人麻呂公の和歌を万葉仮名で読んでみる。最後にみんなで思いを馳せたかった。「どうしてこの字にしたんだろう」。本当のところは、書いた本人しか知りえないのかもしれない。でもその思いに手を伸ばしたら、遠い昔の恋歌が、身近に引き寄せられそうで・…。

ワークショップが無事終わり、ほっと一息ついていると、「先生、どうぞ」、参加した高校生が、含み笑いとともに一通の手紙を差し出してきた。「今日者、素敵七働店　二七五三二升」さて、この暗号、読めますか？

（2021年5月9日掲載）

校内大会　声援と軌跡を感じ

「知らない世界だから心配だったけど」、「うちもですよ、でも、楽しそうですよね」。ロの字型に並べた教室の机、座っているのは弓道部の保護者さんたちだ。ＰＴＡ総会後、初の試みとして開催された「部活動懇談会」。コロナ禍でお会いする機会も激減し、余計に緊張したけれど、飛び交った言葉は温かかった。そして何より多かった意見が、「一度は、見てみたいんですよね」、「私も応援したくって」。この1年は一切の応援をご遠慮いただいてきた。目前に迫っていた高校総体、すなわち多くの3年生にとって最後の大会も、無観客と決まっていた。だけど、入場者が限られる大会だったら……。「分かりました、校内大会の公開を検討します」。部員にとっても、緊張感のある、いい練習の機会になるはずだ。

懇談会後は副顧問さんと作戦会議。「市営の道場が空いてたら、この日ね」。高校総体まで、残された日はわずか、大会の候補日も限られていた。でも、さっき声を上げた保護者の方みんなが来れる日程なんだろうか。「ライブ配信して見逃し視聴も出来るようにする、とか」。副顧問さんが口にした。今年、新期採用でやってきた彼は、どうやらそういう方面に強い模様。やったことはないけど、やってみる価値はある。そうして挑戦が始まった。

同僚や家族に頼りつつ、限定公開でライブ配信をする方法を調べた。案内文書を配布して参観希望をとる。大会が近づくと、「先生、申し込みは1名で提出しちゃったけど、祖父母も来たいって。大丈夫ですか」、「うちも、やっぱり2人に増えそうで」、参観希望が増えていく。

あっという間にその日はやってきた。いつもより集合を30分早めて、生徒が練習をしている間にカメラの位置を確認する。「先生、保護者の方が……」、少しずつ観客席が埋まり始めた。まもなく開会だ。カメラを回し、受付にいた副顧問さんが配信状況をチェック。保護者席と〝視聴者〟に向けた競技方法の説明は、部員が務めてくれた。

「起立、はじめ」。はじめて弓道を見るという保護者さんも多いようだけれど、それでも的中には拍手が起こる。接戦の射詰め競射では観覧席も緊張で満たされる。次第に道場との一体感が生まれた。最後に坐射の演舞を披露して、〝参観日〟は幕を閉じた。競技方法や専門用語の解説、入賞者などをチャット欄に打ち込んでくれていた副顧問さんが、「チャットに、保護者の方からのコメントが届いていますよ」と声をはずませた。

遠方でお仕事をしている保護者さんもいらっしゃると気付いたのは、校内大会と配信を企画したあとだった。コロナ禍で、もうずいぶん島根に帰ることを辛抱していらっしゃることだろう。〝凛々しくって素敵でした〟、遠くから届いたメッセージに、部員と一緒に盛り上がった。

感染症が応援席の姿を様変わりさせて久しい。からっぽの応援席を見るときはいつも切なかった。でも、見えていないだけで、こんなにたくさんの声援に囲まれていたんだ。たった半日の公開校内大会。それは、たくさんの応援を受けながら一歩、また一歩と歩んできた部員たちの軌跡を、たしかに感じさせるひとときだった。

（2021年6月27日掲載）

変わる国語、未来へ飛ぼう

駅に着いたのは朝のラッシュが通り過ぎた頃。よし、頑張らないと。いつもより重めの鞄を持ち直す。中にはパソコンと新学習指導要領解説。その日は国語科研修会で、大事な研究発表を控えていた。ちょっと、いや、結構不安。でも、こういうときに唱える言葉は決まっている。「進め、テストパイロット」

令和4年度から、高校国語が変わる。これまでは1年次に「国語総合」という科目があり、その中に現代文分野と古典分野があった。これが「現代の国語」と「言語文化」に。ただ名前が変わるだけではない。分類から大きく変わるのだ。語弊を恐れずざっくり言えば、論を扱うのが前者、文《あや》を扱うのが後者。「現代の国語」では評論読解や情報の整理、論理的な文章表現を学ぶ。漱石に龍之介、よく知られた近代の文豪たちは、「現代の国語」には入れてもらえない。「言語文化」で、古文漢文に加えて小説や詩歌も扱うことになる。歳月は人を待たず。矢のごとく過ぎ去る高校時代だが、国語に与えられた授業時数は変わらない。ぎゅうぎゅう詰めだ。本当に出来るんだろうか。去年から、勤務校は新しいシラバス（授業計画）モデルを作成する研究指定校となっていた。

研修が始まった。講義ののち、指定校の進捗発表。他県の動向、これまでの実践……スライドとともに、現状を報告する。自席に戻る時、春の異動で離ればなれになった先輩同僚の姿が目の端に映った。去年までの戦友だ。（おかげさまで、前より元気に進めてます）、心の中でつぶやくと、1年前の思い出がよみがえった。

年度末の研究授業、教壇には先輩、私は指導案をもって見学。「言語文化」につなげるための試みだった。導入で先輩が語る。「高校の学びが変わります。本校は来るべきその日に向けた研究指定校です」。聞きながら、苦しくなった。古典が好きでこの世界に飛び込んだ。小説の奥深さに触れたのも高校の時。だからこそ、提示された新しい形は、好きな学問同士で時数の奪い合いをするようで、私を育んだ学問たちが軽んじられているようで、悲しかった。

「皆さんは、そして私たちもみんな、テストパイロットです」。教室に響いた先輩の言葉にはっとした。先輩こそ文学愛の塊で、私以上に困惑したはずなのに……。それでも飛ぼうとする背中が語りかける。「変わらないと」「変えたくない」、ずっと葛藤の日々だったけど、この改訂は、「変わらないもの」を追い求め、古語で紡がれた世界と、近代人の苦悩の掛け算ができる学びを求めた結果なのかもしれないよ。

研修の後半は、シラバス作成演習。勤務校のチームは、「授業開きに何を伝えるか」と「国語を通してどういう人を育みたいか」を中心に協議することにした。少しずつ笑顔になって、楽しそうな未来が立ち現れる。

古きを温め、未来に照射できる学びへ。より高く遠くへ飛ぶための挑戦を、ここから、みんなで。寂しさも不安もあるけど、進めテストパイロット。高校国語が今、試されている。

（2021年8月29日掲載）

寄り添う心、時を超えたリレー

月に一度の隠岐通い。海士町で詩吟の愛好会を立ち上げてから5年が経った。人事異動で島から離れてしまったが、縁はこうして続いている。「お、詩吟の先生」と、行き交う人に声をかけられ、お稽古では「ようこそようこそ、波は大丈夫でしたか」、と温かい挨拶。待っていてくれる人がいるというのは嬉しいものだ。それに今年は特別な年。1221年の承久の乱で、後鳥羽院が海士に配流されてから800年という大きな節目の年だ。10月に隠岐神社である大祭では後鳥羽院の和歌を吟詠させていただくことが決まっていた。

大祭の前日は、いつものように列車、バス、フェリー、内航船と乗り継いで島に着き、詩吟のお稽古。でも、後に控える行事を考えると、期待と同じだけの緊張や不安が湧き上がる。島で生まれ育ったわけでもないし、Iターン者でもない私なのに、いいんだろうか。そんな不安を拭い去るように会員さんが声をかけてくれる。「明日頑張ってね」「楽しみにしてるよ」

大祭は雨の中行われた。荘厳な雰囲気の中、祝詞が奏上され、お供え物が運ばれ、吟詠の奉納。午後からは小学生の学習発表や、「島留学」として一時的に島暮らしをしている大学生の民謡、後鳥羽院が好んだとされる京都の白拍子舞も披露された。次第に日が暮れかかる。大祭を締めくくったのは、刀剣打ちの儀。鋭い金属音が断続的に響き、薄闇の中に火花が散った。後鳥羽院の御番鍛《ごばんか》冶《じ》伝承を再現し、刀剣文化を継承しようと、刀剣奉納を発案したのは、院に魅せられてこの島にやってきたイギリス出身の先生だった。

島は後鳥羽院への敬慕にあふれている。古くから配流の地であったということが、外から訪れた様々な人を温かく受け入れ、一緒に何かを作り上げようと巻き込んでくれる今のあり方につながっているのかもしれない。そういえば、町政スローガンも「みんなでしゃばる（引っ張る）島づくり」だった。

承久の乱に敗れ、この地に配流となった後鳥羽院。その心を思うと、「800年おめでとう」でいいものか、と考えないではない。それでも、その訪れそのものによってもたらされた文化が、そしてその訪れを「御遷幸《ごせんこう》」と呼んで喜びあってきた人々の心が、今もなおこうして人と人とを結びつけ、あたらしい協働を生み出している。

古人の心と、答え合わせをするのは難しい。そもそも人の心に正解なんて求めようもない。だけど、800年もの歳月の中、時に自らの願いや期待、そして感謝を込めながら、その心に寄り添おうとした人たちがたしかにいた。そうした、たくさんの人の生を重ねた先に今があって、なんらかの形で私たちの心を支え、豊かにしてくれている。だからやっぱり、この年を迎えられたことを喜び合って「おめでとう」でいいのかも。800年、おめでとう。これからも、文化と心のたすきはつなげられていく。あたらしい願いと感謝を映し出しながら。

（2021年11月7日掲載）

人は、どうして物語るのか

久々に実家で除夜の鐘を聞いた。その翌朝、今度は妹夫婦が小さな甥っ子姪っ子も連れてやってきた。まだ乳飲み子の妹を前に、甥っ子くんはお兄ちゃんでありたい気持ちと、自分も赤ちゃんに戻りたい気持ちで揺れている。夜になると心の秤が赤ちゃんの方に傾きそう。そんなとき、「お話」はどうでしょう。いつからか、甥っ子に寝る前のお話をするのが私の役目になっていた。

「血の跡をたよりに化け物を追うと、さっきは7つだったお地蔵さまが、8つになっています」。お侍さんの妖怪退治、このあと線香の煙で偽物を見破るんだけど……残念、クライマックスを前に、小さな寝息が聞こえてきた。尻切れトンボのお話に代わって、「さっきの話、なんだっけ」、妹が小声で問いかけてくる。「『ずいてんばあず』」、おばあちゃんがしてくれたやつ」、「『すいとん』じゃなかった?」、「『ばあず』は『ぼうず』が訛ったのかな」。薄暗がりのひそひそ話は懐かしくて楽しい。いつしか母も入ってきて、「私も小さいときに聞いたわ、おばあちゃんはお父さんから聞いたんだって」、薄闇が一瞬だけ賑やかになり、「もう、本当の名前は分からないね」、それからひっそりとした空気が流れた。

その祖母は暮れに他界したばかり。急な知らせに慌てて帰省した。授業は他の先生にお願いし、予定されていた研究報告会への出張には帰省先から直行することにした。勤務先が研究指定校となってから2年間、今春始まる新しい科目、古典と近現代の文学との融合を図った「言語文化」のあり方や、授業計画について考えてきた。

物語の祖と呼ばれる「竹取物語」では、かぐや姫を守り抜けなかった帝が、彼女から託された不死の薬を、天に最も近い山・富士で焚いてしまう。「愛しい人のいない永遠に、何の意味があろうか」。立ち上る煙は、はるか遠くにいる姫に、思いを届けてくれたかどうか。

吉野弘氏の「I was born」という詩がある。「蜉蝣という虫はね――」、口は退化して食物もとれないのに、腹にはぎっしりと卵を宿している小さな虫。その姿に、巡りゆく生き死にの悲しみや切なさを重ねて描いた詩だ。悩んだ末に、来年度は二つを並べ、一つの単元として読み解くことにした。これまで現代文と古典に分かたれていた二つの「物語」が、一つの教科書で交差する。限りある命を、どうとらえ、どう語ったのか。そしてその物語から、いったい何を感じ取るのか。

研究報告会が終わり、年末年始の帰省も終わり、祖母を悼む旅も終着駅に近づいた。課題は山積しているけれど、少しずつ、この新しい科目とともに目指す先が定まってきた。

物語の記憶は、温かな薄闇の記憶だ。文字も読めなかった頃、母が、祖母が、叔父が、不思議な話をいくつも聞かせてくれていた。そして今度は私が次の世代へと。

なぜこんな話が生まれたんだろう。言葉がうつろいゆく背景にはどのような世の変容があったのだろう。人は、どうして物語るのだろう。新しい国語のなかで紡がれる時間。願わくばそれが、私たちが物語るわけ、物語を必要とし、語り継いできたそのわけに、思いをはせられる時間になりますように。ささやかで果てしのない願いを、新しい年の始めにかけた。

（2022年1月11日掲載）

自分も案外わるくない

めったに開くことはないけれど、本棚に大切な一冊が眠っている。たった30頁の小冊子、表紙をめくると、「私は、話すことが苦手です」。10年も前にこの手で綴った拙い序文の向こうから、学生の面影を残した気弱な新任教員が顔を出す。それは、初任校での学級通信をまとめた一冊だ。経験も自信も持ち合わせないまま教壇に立った。他の先生方は、朝終礼でも授業でも、生徒たちに上手に語りかけているのに、それができない自分が情けなくて、何度も泣いた。変わりたかった。そして思い立ったのだ。昔話が大好きで、書くことだったらちょっと得意。担任として迎えた2度目の春から、学級通信には、一編の昔話に寄せて生徒たちへのメッセージを綴ることにした。大好きな浦島太郎から始めて、「小さき者よ、大志を抱け」と一寸法師を紹介した。卒業生を送り出す最終号では聞き耳頭巾。「耳をすませばつながる心」、うまく話せなかったからこそ、誰かの思いに耳を傾けることの大切さを伝えたかった。自分を映す鏡でも、思い出のアルバムでもあった学級通信は、一冊の本になった。表紙を美術の先生が、挿絵を生徒たちが描いてくれた、世界にひとつだけの本。つまずいたときに帰る場所。

新聞コラムの話をいただいたのは、初任校勤務を終える頃だった。毎回テーマに悩んだけれど、おのずとそのとき一番心が動いたことになる。うまくできない担任業務、時には生徒から辛い言葉をかけられ、呼び捨てにされて。不器用でぎこちない関わりや、それに伴う痛みに焦り、そして不意打ちのようにやってくる大きな喜び。めまぐるしく変わる心のかたちを、書くことで見つめ続けた。何度も生徒を送り出し多くの春を迎えるうちに、新米の日々は遠ざかり、後輩や実習生に指導したり、教科主任を任されたり。色々なことが変わったけれど、いつだって書き続けた。小さな標を置きながら歩いた。

また卒業の季節がやってくる。私は帰る場所を求めて学級通信の小冊子に手を伸ばす。「私は、話すことが苦手です」。冒頭に書くなんて、よほどコンプレックスがあったのだろう。でもそれは、こう締めくくられていた。「だから、出会えた人がいるのかもしれません。できたことがあるのかもしれません。千年を越えて、人は心を通わせられるんだと信じ、昔話のおもしろさを伝えたくて書いた学級通信は、目の前の人と心を通わせる温かい時間をも気づかせてくれました」。苦笑しながらあの頃の自分に語りかける。今も話すの苦手なんだよ。昔話は大好きなままだよ。あんなに変わりたかったのに、変わってないのが面白い。多少は成長したけれど、やっぱり出来ないこともある。

今年度は担任を外れていた。いつかまた、担任として生徒の前に立つ日が来たら、私の言葉で伝えよう。自分は自分にしかなれないけれど、それって案外わるくない。うまくは言えないだろうけど、どこかに届きますように。新米だったあの頃に、誰かに言ってほしかった言葉。たくさんの人との出会いを綴った先で、私はようやくそれを見つけ出せたのかもしれない。

（２０２２年３月６日掲載）

あとがき

私は、話すことが苦手です。

今でこそ多様な授業スタイルが開かれている学校ですが、私がはじめて教壇に立った16年前は、「トークアンドチョーク」という言葉に象徴されるように、教員の力量は話術と知識ではかられていたように思います。（トークアンドチョークの素敵な授業に導かれ、私はこの道に就いたのでした）

それなのにうまく話せない私。生徒の言葉に戸惑い、傷つき、言葉に詰まった気まずい時間。必死に言葉をかき集め、ツギハギのような話をしたことを何度も思い出して頭を抱えた夜もあります。不用意な言葉をかけてきっと生徒を傷つけたに違いないと、自己嫌悪と猛省で小さくなった夜も、逆に話しすぎたことに恥じ入る気持ちになった夜もあります。

思えば、書くことへ私を向かわせた力の一つには、このコンプレックスがあったのかもしれません。隣のクラスでは、同期採用の先生が生徒たちに、ときに面白い話をし、ときに自分の思いを熱く語っています。それを横目に見ながら、伝達事項だけを伝えては逃げるように教室をあとにしている自分……。失望を繰り返した末に、学級通信に思いを綴ることをはじめました。「今月は○○のことを書いてみたの、よかったら、読んでね」、口から出る言葉は相変わらず拙いけれど、紙面を介して思いを伝えようとしてきたクラス。「私は、話すことが苦手です」。思えばそれを書いた日から、言葉と語りを介した生徒たちとの対話が、本当の意味で動き出したのかもしれません。

もう一つ、私を書くことに向かわせた力は、これまで私を満たしてくれた、たくさんの語られたお話たちだったように感じています。私にとって、物語は寝る前に家族から話してもらうものでした。なかでも、そらで祖母が話す物語には、お侍さんが登場したり、戦時中の女の子が登場したり……。知らない誰かの生きた道が、ぽっかり夜闇に浮き上がる、それが、私にとってのお話の記憶でした。あたたかい暗がりのなかで、誰かが話して聞かせてくれるお話が、大好きでした。

私は、話すことが苦手です。

それでも、「お話」は好きなまま、大人になることができました。大人になってから、伝えることの難しさを知ることが増え、そのぶん、言葉への思いは募っていったように思います。「ばっしー、面白い話があるんだって」、教員一年目の頃、住まいの近くに、いつも面白い話を聞かせてくれていたバーがありました。「面白い話」につられてほいほい遊びに行ったら、マスターがいたずらっ子のような眼をして、「いい話があるんだよ」って。そうして舞い込んできたのが、朝日新聞での連載でした。それからというもの、嬉しかったことも、苦しかったことも、月に一回、お話として紡ぎなおしてきました。気づけば、10年以上がたっていました。そうして、この一冊は、若葉マークの国語教員の一里塚となりました。

自分は自分にしかなれないけれど、それってあんがい、わるくない。できないことがたくさんあった教員一年目の私。あれから何年もの月日が流れ……、それでも結局、わたしはわたしのままなのですが、学校のあちこちでの出来事を（後半戦は学校を飛び出して出会えたあれこれを書き記すとも増えました）、お話に紡ぎなおしてきたこの歩みは、自分の輪郭を少しずつ描く営みだったようにも感じています。古典世界では、まあ、悪くないんじゃないっていう事象を表すのに、「よろし」という古語を用いていたようですが、でこぼこだらけの自分の輪郭を、そのままに受け容れて、「まあ、わるくない」と思えるようになったのは、他ならない、私を取り巻く家族や友人、職場で出会った生徒たちや先輩教員の皆様のおかげです。危なっかしい私を、ときに厳しく、ときに優しく育んでくれた、すべての方に感謝を申し上げ、この一冊の締めくくりとしたいと思います。本当に、ありがとうございました。

本作は、朝日新聞島根版に２０１１年４月から２０２２年３月まで「おしゃべりな出席簿」及び「元気力」として連載されたものに、一部加筆修正をしました。

石橋 直子
1984年　島根県安来市生まれ。島根県立高校国語教諭。社会教育士。
高校で国語の教員をしながら、学校内外のできごとをまとめたエッセーや、地域の伝承や史跡に関する物語を書き始める。古典世界としなやかにつながり続けることをテーマに、子どもから大人まで幅広い年代を対象としたワークショップ等を企画・運営。地域の神楽社中とともに新作神楽の執筆も行う。
また幼少期より詩吟を習い、二十代の半ばには準師範位を取得。松江と隠岐に教場を開き、行き来をしながら、指導や公演にあたっている。

2009年　第１回山陰文学賞エッセー部門大賞。
2010年　第11回難波利三・ふるさと文芸賞特選。
2015年　『松江怪談』「夜松の女」（今井出版）
　　　　（小泉八雲没後110年企画新作怪談優秀賞）
2018年　島根県民文化祭『島根文芸』招待作家。

〈表紙〉
神山 千晶
島根県立高校美術教諭。多摩美術大学大学院美術研究科版画領域卒。
2015年　鹿沼市立川上澄生美術館木版画大賞　準大賞、2016年　日本版画協会山口源新人賞など
現在は木版を併用した水彩画を中心に制作を行う。

〈挿絵〉
おおのみよこ
益田市在住。美術館勤務のかたわらイラストやデザインを嗜む。得意分野は動物と似顔絵。「シンプルな作画であたたかい雰囲気を伝えること」をモットーにしている。主なご依頼は、益田市ご当地アイドル「precious」メインビジュアル、2023年度益田市立図書館「来ぶらりマルシェ」ポスターなど。
芸術文化を生かした地域づくりにも関心があり、現在通信制大学で学習中。

〈挿絵〉
東瀬戸 奈菜
手描き感のあるゆるいタッチを得意とする。「人の心に寄り添うやさしいデザイン」というコンセプトのもとイラストを描いたりデザインをしている。
https://www.instagram.com/iroenpi_r

おしゃべりな出席簿

2023年６月25日　発行

著　者　　石橋　直子
発　売　　今井出版
印　刷　　今井印刷株式会社